Hugo's Simplified System

Greek in
Three Months

Niki Watts

Hugo's Language Books Limited

© 1988 Hugo's Language Books Ltd
ISBN 0 85285 130 8

3rd impression 1991

Written by

Niki Watts M.A., F.I.L., M.I.T.I.

Set in 9/11 Times by
Typesetters Limited
Printed and Bound by
Courier International Limited, East Kilbride

Preface

This book has been written with the object of introducing the student of Greek to the living language of today. It is based on Standard Modern Greek, which means that the grammar and accentuation follow the rules laid down by the Official Committee appointed by the Centre for Educational Studies in Greece. At the same time, however, common everyday terms which do not necessarily conform to these rules are included.

For many years two forms of Greek, and indeed two different sets of grammatical rules, existed side by side, governing the written, official language on one hand and the less formal and more fluid language of literature and spoken Greek on the other. In 1976 demotic Greek, the less formal language, was officially recognised and became the language of officialdom as well as of literature. In 1982 the system of accentuation was simplified to just one accent. (For more details see the Introduction.) However, a language cannot be changed overnight by decree, and many of the old forms of Greek persist today. For this reason the old forms have not been excluded from this book, but a note has been included, where appropriate, indicating them.

The examples, dialogues and language used throughout have been taken from everyday life and are shown in use in contexts encountered by foreign visitors to Greece. In later chapters, by which time the student is expected to have developed a certain competence in the language, the reading passages have been taken from Greek newspapers and magazines, albeit a little simplified.

Cassette tapes are available to accompany this book, enabling you to hear the language as you read it, and adding a new dimension to the course. They are recorded by native speakers and you will find them extremely useful, especially in the early stages, in helping you to establish good habits. Speech is the most essential form of communication, and unless you can practise with a native speaker, at home or at work, the next best practice will be provided by the tapes.

Each lesson is divided into sections. It will prove particularly rewarding if one section is tackled at a time, assimilated through the examples and reinforced through listening to the tapes, if you have them. Only then should the exercises be attempted, and checked with the answers in the Key at the back of the book. You are then ready to turn your attention to the next section.

Throughout the book examples given to illustrate grammar appear side by side with their translations. It is imperative for the student to understand the examples fully. However, no translation is provided in the text for any of the dialogues or reading passages. Language is part of a culture and is best learnt naturally in the context of everyday situations. Translation can often hamper the process because it puts a straitjacket on the language in which the student thinks. For this reason extensive vocabulary is provided to aid comprehension, but no translation is offered in the text itself.

The English versions of the dialogues and reading passages appear in an Appendix at the back of the book. You are strongly advised to turn to them *only* when you have finished working on the exercises accompanying them, *not before*. The English versions are *not word for word translations* and are only intended to provide a reference point for the student. Each reading passage and dialogue is followed by comprehension-type questions designed to draw your attention to the main points of what you have just read. Only in the last few chapters are you asked to do some limited translation exercises. At the end of some lessons additional vocabulary is provided that is particularly pertinent for the visitor to Greece or Cyprus.

While every attempt has been made to cover the most essential grammatical 'building blocks' of the language, a conscious effort has also been made not to neglect detail and idiom which make a significant contribution to helping the student 'feel at home' with a language. Many books of this type put excessive emphasis on material drawn from literary sources. Although these are undoubtedly important, the majority of students of a language want to learn not in order to read literature, but in order to communicate with the people of that country in everyday situations. For this reason the reading material in this book comes from non-literary publications and 'popular' literature. Many excellent translations of modern Greek literary works and their original Greek texts are available for study by the more advanced student.

Finally I would like to thank those who were bold enough to read this book during the stages of preparation for their time and invaluable advice; above all my husband, who offered to make a virtue of necessity in acting as a 'guinea pig'. His comments offered a refreshing and much appreciated point of view.

Contents

5

6

Introduction

Standard Modern Greek

As already mentioned in the Preface, Modern Greek – both the spoken but especially the written language – has undergone significant changes in the last decade. These need not concern those making their acquaintance with the language for the first time or those engaged in the initial stages of learning the language. It will suffice to say that the language you will learn in this course is Standard Modern Greek, which is primarily based on demotic Greek (see Preface) but with some elements from katharevousa, which until 1976 was the language in which all official documents were written. Many terms from this formal form of Modern Greek survive today and are in widespread use.

When, for example, you wish to buy bread, you will look for a bakery with the sign **ΑΡΤΟΠΩΛΕΙΟΝ** *[artopolíon]* – selling bread – or **ΑΡΤΟΠΟΙΕΙΟΝ** *[artopiíon]* – making bread. Both words are from katharevousa. Once inside the baker's shop you will ask for **ψωμί** *[psomí]* – a demotic word meaning 'bread'. Similarly, a publishing house in Greek is **εκδοτικός οίκος** *[ekdhotikós íkos]* and a fashion house is **οίκος μόδας** *[íkos módhas]*. **Οίκος** is a word from katharevousa, from which the English word 'economy' derives. When you visit a house, however, you go to a **σπίτι** *[spíti]* – a demotic word.

Accents

The system of accentuation – known as the monotonic – is now quite simple. A single accent is used over a vowel or, if it is a capital, beside it. The accent indicates which particular syllable is to be read with extra emphasis. Prior to 1982 there were two breathings and three accents in use. The breathings no longer had a functional purpose and all accents simply indicated the syllable to be read with greater emphasis.

The alphabet

The Greek alphabet is particularly challenging because it is sufficiently similar to the Latin alphabet to be confusing. It is essential at this stage that you should attempt to familiarise yourself with the look of its 24 letters. In Lesson 1 you will be given their sounds and some reading practice.

The aim of this book in respect of the material included in it, and of course, inevitably, the alphabet too, is to enable those using it to come into contact not only with the living language itself, but also with the people and culture for whom it is a vehicle of expression. With this objective in mind we shall begin with the Greek alphabet. What follows is a list of the capital and lower case letters with their names, as opposed to their sounds within words; the latter will be given in Lesson 1.

As you go through the list you will notice that some letters look similar to their counterparts in the Latin alphabet and, as we will see in Lesson 1, they also have similar sounds. Others, however, may look similar but have different sounds. For now concentrate on the shapes of the letters, perhaps attempting to reproduce them. In doing so, keep as closely as possible to the printed shape of the letters.

Α α	άλφα	*álfa*		Ν ν	νι	*ni*
Β β	βήτα	*víta*		Ξ ξ	ξι	*xi*
Γ γ	γάμα	*yáma*		Ο ο	όμικρο	*ómikro*
Δ δ	δέλτα	*dhélta*		Π π	πι	*pi*
Ε ε	έψιλο	*épsilo*		Ρ ρ	ρο	*ro*
Ζ ζ	ζήτα	*zíta*		Σ σ ς	σίγμα	*síyma*
Η η	ήτα	*íta*		Τ τ	ταυ	*taf*
Θ θ	θήτα	*thíta*		Υ υ	ύψιλο	*ípsilo*
Ι ι	γιώτα	*yióta*		Φ φ	φι	*fi*
Κ κ	κάπα	*kápa*		Χ χ	χι	*hi*
Λ λ	λάμδα	*lámdha*		Ψ ψ	ψι	*psi*
Μ μ.	μι	*mi*		Ω ω	ωμέγα	*oméya*

Lesson 1

1 Accentuation

With the exceptions we shall be dealing with in a later lesson, all words with more than one syllable have an accent, which indicates the syllable to be read with extra emphasis. The position of an accent is important in establishing the meaning of words. Not infrequently the only distinguishing mark between two words, otherwise identical but with two different meanings, is the accent. The following are a few examples:

ο γέρος *[o yéros]* the old man
γερός *[yerós]* strong, sturdy
το τζάμι *[to tzámi]* the glass
το τζαμί *[to tzamí]* the mosque
άλλα *[ála]* others
αλλά *[alá]* but

A useful rule to remember for longer words is that a Greek word can have an accent only on one of the last three syllables.

2 Sounds of the letters of the alphabet

Greek is easy to read but, alas, not easy to spell even for the Greeks. Once you have mastered its 23 distinctive sounds you will have no difficulty in reading at all. You will have no difficulty in putting your message down on paper either, albeit often with slightly shaky spelling. Do not lose heart, however, because the Greeks themselves have similar trouble on a lesser scale.

Under the circumstances there is no justification at all for using the Latin alphabet in teaching Greek; if we did so, only you and your book would be able to understand each other! Not to mention the distorted pronunciation that would result from using the sounds associated with the letters of the Latin alphabet. Time spent in the initial stages on mastering the *sounds* of the Greek letters as opposed to their names will prove a considerable asset in subsequent lessons. You are recommended to use the tapes: listen to them again and again, imitating the pronunciation and linking the sound with the words.

In the first few lessons help will be at hand, since all new Greek words will also be provided in the form of imitated pronunciation. Use this opportunity to learn the Greek alphabet really well, because imitated pronunciation will be gradually, and eventually entirely, withdrawn.

2.1 The vowels

In Modern Greek there are no short or long vowels as in English (for example, the vowel in 'sit' is short; that in 'seat' is long). All vowels are read nearer the English long vowels.

A α   *a*   as in **A**nna   Άννα *[Ána]* Anna
E ε   *e*   as in **He**len   Ελένη *[Eléni]* Helen
O o ⎫
Ω ω ⎬ *o*   as in **o**n   όμως *[ómos]* but
I ι ⎫
H η ⎬ *i*   as in f**ee**t   ησυχία *[isihía]* calm, quiet
Y υ ⎭

Two vowels often appear side by side in Greek. When they do so, they can either be read separately as two sounds, or together as one. If read together, their sounds are those of single vowels. Our list of vowels will now look like this.

Sounds already learnt:

α   as in Άννα
ε, αι   as in Ελένη (αι has been added)
ο, ω   as in όμως
ι, η, υ, οι, ει, υι as in ησυχία (οι, ει, υι have been added)

New sounds:

ου   *u*   as in **foo**l   ουρανός *[uranós]* sky
ευ   *ef*   as in **lef**t   ευχαριστώ *[efharistó]* thank you
      ev   as in **ev**er   φεύγω *[févyo]* I leave
αυ   *af*   as in **af**ter   αυτός *[aftós]* this one
      av   as in a**v**oid   αύριο *[ávrio]* tomorrow

Remember that two vowels next to each other are read together as one, as outlined above, unless:

1 The accent is placed on the first vowel of the two, e.g.:
   τσάι *[tsá-i]* tea
   πλάι *[plá-i]* next to
2 The second vowel has the diaeresis (ï) over it, e.g.:
   φαΐ *[fa-í]* food
   γαϊδούρι *[ya-i-dhú-ri]* donkey

Exercise 1

Practise reading these words aloud. If you have the tapes, listen carefully and repeat the words after the speaker.

η Άννα   αυτός
η Ελένη   αύριο
η ησυχία   το τσάι
ο ουρανός   πλάι
ευχαριστώ   το φαΐ
φεύγω   το γαϊδούρι

2.2 The consonants

Β β	v	as in vase	βάζω *[vázo]* I put
Γ γ*	y	as in yes	γεμίζω *[yemízo]* I fill
Δ δ	dh	as in this	δίνω *[dhíno]* I give
Ζ ζ	z	as in zone	η ζώνη *[i zóni]* (the) belt
Θ θ	th	as in thistle	η Θάσος *[i Thásos]* Thasos
Κ κ	k	as cake but softer	η Κέρκυρα *[i Kérkira]* Corfu
Λ λ	l	as in limp	το λάθος *[to láthos]* (the) mistake
Μ μ	m	as in mother	η μητέρα *[i mitéra]* (the) mother
Ν ν	n	as in no	να *[na]* to
Ξ ξ	x	as in axe	ο ξένος *[o xénos]* (the) guest, foreigner
Π π	p	as in party but softer	ο πατέρας *[o patéras]* (the) father
Ρ ρ	r	as in room	η ροή *[i roí]* (the) flow
Σ σ ς**	s	as in sister	ο Σωτήρης *[o Sotíris]* (a man's name)
Τ τ	t	as in tonight but softer	τότε *[tóte]* then
Φ φ	f	as in fire	η φύση *[i físi]* (the) nature
Χ χ	h	as in he	χάνω *[háno]* I lose
Ψ ψ	ps	as in lapse	το ψάρι *[to psári]* (the) fish

* γ is read as in yes, it has no 'i' sound after the 'y'.

** The two forms σ and ς have exactly the same sound, but whereas σ is used in the middle of a word, ς is used at the end.

Exercise 2

Practise reading these words aloud. If you have the tapes, first just listen. The second time listen to the word and then repeat it yourself. Listen again and repeat.

βάζω   ο ξένος
γεμίζω   ο πατέρας
δίνω   η ροή
η ζώνη   ο Σωτήρης
η Θάσος   τότε
η Κέρκυρα   η φύση
το λάθος   χάνω
η μητέρα   το ψάρι
να

3 The months

Practise reading the months of the year, remembering to give marked emphasis to the syllable with the accent. In order to help you do this, the words have been divided into syllables.

Οι μήνες *[I mí-nes]* The months

Ιανουάριος *[I-a-nu-á-ri-os]* January
Φεβρουάριος *[Fev-ru-á-ri-os]* February
Μάρτιος *[Má-rti-os]* March
Απρίλιος *[A-prí-li-os]* April
Μάιος *[Má-i-os]* May
Ιούνιος *[I-ú-ni-os]* June
Ιούλιος *[I-ú-li-os]* July
Αύγουστος *[Áv-yu-stos]* August
Σεπτέμβριος *[Se-ptém-vri-os]* September
Οκτώβριος *[O-ctó-vri-os]* October
Νοέμβριος *[No-ém-vri-os]* November
Δεκέμβριος *[Dhe-kém-vri-os]* December

Note: Alternative forms of the months are also currently in use. You will find these at the end of this lesson.

4 The seasons

Οι εποχές *[I epohés]* The seasons

η άνοιξη *[i á-ni-xi]* (the) spring
το καλοκαίρι *[to ka-lo-ké-ri]* (the) summer
το φθινόπωρο *[to fthi-nó-po-ro]* (the) autumn
ο χειμώνας *[o hi-mó-nas]* (the) winter

Ο, η, το are articles; they will be dealt with in Lesson 2, Section 7.1.

Exercise 3

Practise reading aloud the months of the year and then the seasons. If you have the tapes, listen several times; listen again and repeat.

Exercise 4

Fill in the missing letter(s). Before doing so, say aloud the sound of the letter, then write it down and read the whole word before checking it against the above lists.

1 άν-ιξη	5 -εβρουάριος
2 --γουστος	6 χ--μώνας
3 Μάρτιο-	7 Ιού-ιος
4 Ι--λιος	8 Δε-έμβριος

Exercise 5

Place the accents on the correct syllable. Remember that the accent goes over a vowel in lower case – ά – and beside it if it is a capital letter – Ά.

1	Ιουλιος	6	Μαρτιος
2	Οκτωβριος	7	Νοεμβριος
3	χειμωνας	8	φαϊ
4	Ιουνιος	9	τσαι
5	ανοιξη	10	καλοκαιρι

Now read the words again, placing the emphasis on the accented syllable.

Exercise 6

This exercise deals with the diaeresis ϊ. If you so not remember what we have already said about it, go back and read Section 2.1 (point 2). Then attempt the exercise.

Place the diaeresis (ϊ) over the second of two vowels *where necessary*, bearing in mind that this is only necessary if two consecutive vowels are read separately and the first of the two is not accented.

1	Αύγουστος	4	τσάι
2	Μάιος	5	χειμώνας
3	φαί	6	άνοιξη

Listen to the words read on the tape, if you have it, to check your answers. Then turn to the Key to exercises and read the correct spelling.

5 Double consonants

As we have double vowels, we also have double consonants. These are generally read as one.

Ελλάδα *[Eládha]* Greece
ελληνικά *[eliniká]* Greek (the language)
Άννα *[Ána]* Anna
Σάββατο *[Sávato]* Saturday

14

Some combinations of consonants have new sounds.

γγ, γκ	g	as in go	το γκαρσόνι [to garsóni] the waiter
	ng	as in England	η Αγγλία [i Anglía] England
ντ	nd	as in bind	κοντά [kondá] near
	d	as in dog	η ντουζίνα [i duzína] the dozen
μπ	mb	as in ambulance	η κομπόστα [i kombósta] stewed fruit
	b	as in bat	το μπουκάλι [to bukáli] the bottle

6 The days

Now read the days of the week.

Οι μέρες της εβδομάδας *[I méres tis evdhomádhas]*   The days of the week

Δευτέρα *[Dheftéra]* Monday
Τρίτη *[Tríti]* Tuesday
Τετάρτη *[Tetárti]* Wednesday
Πέμπτη *[Pémpti*]* Thursday
Παρασκευή *[Paraskeví]* Friday
Σάββατο *[Sávato]* Saturday
Κυριακή *[Kiriakí]* Sunday

* Notice that here the sound μπτ is, in fact, read as almost 'mt', with the 'b' sound hardly heard.

Exercise 7

Read each of the following and place the accent on the correct syllable.
Remember that if two vowels are read together as one the accent is written on the second of the two vowels.

1	Σεπτεμβριος	7	καλοκαιρι
2	Απριλιος	8	Κυριακη
3	Μαιος (3 separate syllables)	9	Ιουνιος
4	φθινοπωρο	10	Σαββατο
5	Τριτη	11	Δευτερα
6	Νοεμβριος	12	φαϊ

Exercise 8

Answer in Greek the following questions in English.

1   Give the first month of the year.
2   Which is the hottest season?

3 Give the first working day of the week.
4 Give the Greek word for Greece.
5 What language do they speak in Greece?
6 Which season precedes spring?
7 Which drink is indispensable for the English in the afternoon?

Note: The following are the alternative forms of the months. These are given not necessarily for learning purposes, but so that you will be aware of the alternative forms you may encounter.

Γενάρης *[Yenáris]* January
Φλεβάρης *[Fleváris]* February
Μάρτης *[Mártis]* March
Απρίλης *[Aprílis]* April
Μάης *[Máis]* May
Ιούνης *[Iúnis]* June
Ιούλης *[Iúlis]* July
Αύγουστος *[Ávyustos]* August
Σεπτέμβρης *[Septémvris]* September
Οκτώβρης *[Októvris]* October
Νοέμβρης *[Noémvris]* November
Δεκέμβρης *[Dhekémvris]* December

Lesson 2

7 The article

7.1 The definite article (the)

In Greek, nouns have three genders: masculine, feminine and neuter. Although the endings of nouns (and adjectives) are often indicative of their gender, a more certain way of identifying them is by their definite article:

o   for masculine nouns
η   for feminine nouns
το   for neuter.

In the last lesson the seasons were introduced with their corresponding definite articles – **το φθινόπωρο, το καλοκαίρι, ο χειμώνας, η άνοιξη.** Of the four seasons, two are neuter, one masculine and one feminine.

ο άντρας *[o ándras]* a man	will be ο κύριος *[o kírios]* Mr
η γυναίκα *[i yinéka]* a woman	will be η κυρία *[i kiría]* Mrs
	or η δεσποινίς *[i dhespinís]* Miss

Because the word 'month', **ο μήνας,** is masculine, all months are also masculine and preceded by the definite article **ο,** e.g. **ο Αύγουστος, ο Μάιος,** etc. The day, **η μέρα,** on the other hand is feminine, and therefore all days of the week (but one) are also feminine.

η Κυριακή	η Πέμπτη
η Δευτέρα	η Παρασκευή
η Τρίτη	το Σάββατο
η Τετάρτη	

Typical masculine, feminine and neuter endings will be discussed in Lesson 3.

Exercise 9

Supply the appropriate article: **ο, η, το.**

1	Μάρτιος	4	μήνας
2	άνοιξη	5	μέρα
3	Δεκέμβριος	6	Σάββατο

7.2 The indefinite article (a, an)

ένας *[énas]*	masculine
μια, μία *[mia* (as one syllable) or *mía* (as two syllables)*]*	feminine
ένα *[éna]*	neuter

The indefinite article is also a good guide to the gender of a Greek noun or adjective.

Ένας κύριος *[énas kírios]* a gentleman (as well as Mr)
μια κυρία *[mia kiría]* a lady (as well as Mrs)
ένα παιδί *[éna pedhí]* a child

Using the verb 'is', **είναι** *[íne]*, we can say that:

Ο Ιανουάριος είναι ένας μήνας. *[O Ianuários íne énas mínas.]*
January is a month.
Η Κυριακή είναι μια μέρα. *[I Kiriakí íne mia méra.]*
Sunday is a day.
Το φθινόπωρο είναι μια εποχή. *[To fthinóporo íne mia epohí.]*
Autumn is a season.

Exercise 10

Fill in the appropriate indefinite article.

1   Το Σάββατο είναι...μέρα της εβδομάδας.
2   Ο Οκτώβριος είναι...μήνας.
3   Η κυρία Μαρία είναι...γυναίκα.

7.3 The plural definite article

Both the definite and indefinite articles decline just as nouns do (see Lesson 3, Section 12) and the definite article also has both a singular – for one object or person – and a plural – for more than one. In the last lesson we referred to the months of the year as **οι μήνες**, to the seasons as **οι εποχές** and to the days as **οι μέρες**.

Singular		Plural	
ο	ο μήνας	οι	οι μήνες
η	η μέρα	οι	οι μέρες
το	το Σάββατο	τα	τα Σάββατα

18

VOCABULARY

ο άντρας *[o ántras]* (the) man, husband
η γυναίκα *[i yinéka]* (the) woman, wife
το παιδί *[to pedhí]* (the) child
το όνομα *[to ónoma]* (the) name
το κρύο *[to krío]* (the) cold
η ζέστη *[i zésti]* (the) heat
η Μαρία *[i María]* Maria
ο Γιώργος *[o Yióryos]* George
έχει *[éhi]* he/she/it has
δυο, δύο *[dhio, dhío]* two
επτά *[eptá]* seven
δώδεκα *[dhódheka]* twelve
σήμερα *[símera]* today
αύριο *[ávrio]* tomorrow
χτες *[htes]* yesterday
αλλά *[alá]* but
και *[ke]* and
ή* *[i]* or

* Note that the definite article η has no accent, but ή meaning 'or' does, in order to distinguish the two words.

READING PRACTICE

Read the following short sentences in Greek, taking care to place emphasis on the syllable which has the accent.

Είναι καλοκαίρι, Αύγουστος.
Είναι βράδυ αλλά έχει ζέστη.
Το χειμώνα έχει κρύο.
Ένας χρόνος έχει δώδεκα μήνες αλλά μια εβδομάδα έχει επτά μέρες.
Ο κύριος Γιώργος* έχει ένα παιδί, το Σωτήρη, και μια γυναίκα, την** κυρία Μαρία*.

* For an explanation of this use of Mr, Mrs, Miss with first names see Lesson 7, Section 37.
** The definite article in the accusative; see Lesson 3, Section 12.1.

8 The verb είμαι (I am)

In Greek verbs have two numbers – singular and plural – and three persons – first, second and third. The verb είμαι in the present tense is like this:

Singular	Plural

Singular
είμαι *[íme]* I am
είσαι *[íse]* you are
είναι *[íne]* he/she/it is

Plural
είμαστε *[ímaste]* we are
είστε *[íste]* you are
είναι *[íne]* they are

Είμαι is an irregular verb.

9 The verb έχω (I have)

The basic form of verbs (in the active voice: see Lesson 12, Section 58) ends in ω. Regular verbs fall into two broad categories: those with an accent on the penultimate syllable as έχω *[ého]* 'I have' and θέλω *[thélo]* 'I want'; and those with an accent on the last syllable like αγαπώ *[ayapó]* 'I love'.

The verb έχω is typical of the first category. Its present tense in the active voice is:

έχω *[ého]* I have
έχεις *[éhis]* you have
έχει *[éhi]* he/she/it has

έχουμε *[éhume]* we have
έχετε *[éhete]* you have
έχουν *[éhun]* they have

In Greek the present tense is used to describe both a habitual action – equivalent to the English simple present (I have) – and an action taking place now – equivalent to the English present continuous (I am having).

10 The verb γράφω (I write)

Another verb that conjugates like έχω is γράφω *[yráfo]:*

γράφω *[yráfo]* I write
γράφεις *[yráfis]* you write
γράφει *[yráfi]* he/she/it writes

γράφουμε *[yráfume]* we write
γράφετε *[yráfete]* you write
γράφουν *[yráfun]* they write

VOCABULARY

ο καφές *[o kafés]* (the) coffee
σκέτος *[skétos]* without sugar (literally: plain)
γλυκύς *[ylikís]* sweet
μέτριος *[métrios]* medium sweet
καφές φραπέ *[kafés frapé]* iced coffee
το καφενείο *[to kafenío]* (the) coffee shop
η μπίρα *[i bíra]* (the) beer
ο χυμός πορτοκάλι *[o himós portokáli]* (the) orange juice
η πορτοκαλάδα *[i portokaládha]* (the) orange squash

η λεμονάδα *[i lemonádha]* (the) lemon squash
το ούζο *[to úzo]* (the) ouzo
το κρασί *[to krasí]* (the) wine
ξηρό *[xiró]* dry
μαύρο *[mávro]* red (of wine: literally black)
άσπρο *[áspro]* white
ροζέ *[rosé]* rosé
το παγωτό *[to payotó]* (the) ice cream
παρακαλώ *[parakaló]* please, it's a pleasure, don't mention it
ευχαριστώ *[efharistó]* thank you
το ποτήρι *[to potíri]* (the) glass
το μπουκάλι *[to bukáli]* (the) bottle
ναι *[ne]* yes
αμέσως *[amésos]* at once
όχι *[óhi]* no
πόσο *[póso]* how much
η δραχμή *[i dhrahmí]* (the) drachma
εκατό *[ekató]* one hundred
ο λογαριασμός *[o loyariasmós]* (the) bill

GREETINGS

καλημέρα *[kaliméra]* good morning
καλησπέρα *[kalispéra]* good evening
καληνύχτα *[kaliníhta]* good night
γεια σας* *[yia sas]* hello, bye-bye
χαίρετε* *[hérete]* hello, bye-bye
αντίο *[andío]* bye-bye

* Both these greetings can be used at any time during the day or night; the second is the more formal.

READING PRACTICE

This is a short dialogue at a coffee shop, ordering coffee. Read the dialogue a few times and, if possible, listen to it on the tape. Then try the exercise that follows.

Στο καφενείο

– Καλημέρα.
– Καλημέρα.
– Έναν καφέ παρακαλώ.
– Γλυκύ ή σκέτο;*
– Όχι, μέτριο παρακαλώ.
– Αμέσως... Ζέστη σήμερα!

– Ναι, είναι ζέστη αλλά είναι Αύγουστος.
– Ναι.

(The coffee arrives.)

– Ένας μέτριος.**
– Ευχαριστώ. Είναι ζεστός;**
– Ναι, είναι ζεστός.
– Ευχαριστώ.

Ο λογαριασμός

– Το λογαριασμό, παρακαλώ.
– Αμέσως.
– Πόσο έχει;
– Εκατό δραχμές, παρακαλώ.
– Ευχαριστώ.

* ; is the Greek question mark. Punctuation will be dealt with more fully in Lesson 4.

** **Μέτριος, ζεστός** are now referring to the coffee ordered. **Ζέστη** in the previous paragraph described the weather.

Exercise 11

Complete the dialogue. You are at a cafe and you want to order a bottle of sweet white wine. The waiter's part is given; supply your part of the dialogue.

–
– Καλησπέρα.
–
– Άσπρο, μαύρο ή ροζέ;
–
– Γλυκύ ή ξηρό;
–
– Ένα ποτήρι κρασί;
– Όχι, ...
– Αμέσως.

Now ask for the bill.

–
– Αμέσως.
–
– Εκατό δραχμές, παρακαλώ.
–

Say good night before leaving.

–

Lesson 3

11 Nouns and gender

In Lesson 2 we saw that nouns in Greek are of three genders: masculine, feminine and neuter. Although it is possible to tell the gender of a noun from its ending, the article preceding a noun remains a far more reliable guide because of the many irregular nouns not conforming with the following general rules.

11.1 Masculine endings

The most common endings for regular masculine nouns are **-ος, -ης, -ας**. The following are some examples:

ο άνθρωπος *[o ánthropos]* (the) man (mankind)
ο ουρανός *[o uranós]* the sky
ο δρόμος *[o dhrómos]* the road, the street, the way

We have already come across a number of nouns with this ending:
ο Δεκέμβριος, ο Ιανουάριος, ο χρόνος.

ο ναύτης *[o náftis]* the sailor
ο επιβάτης *[o epivátis]* the passenger
ο μαθητής *[o mathitís]* the pupil

ο άντρας *[o ántras]* the man
ο βασιλιάς *[o vasiliás]* the king
ο εισπράκτορας *[o ispráktoras]* the bus conductor
ο πατέρας *[o patéras]* the father

Ο μήνας, ο χειμώνας are masculine nouns with this ending already encountered in previous lessons.

11.2 Feminine endings

The most common are: **-η, -α.**

η νίκη *[i níki]* the victory
η Νίκη *[i Níki]* Nicky (a girl's name)
η αγάπη *[i ayápi]* the love

η αδερφή *[i adherfí]* the sister
η ζάχαρη *[i záhari]* the sugar

We have already used feminine nouns with this ending: **η ζέστη, η άνοιξη.**

We have also used a number of feminine nouns with the second ending:
η μέρα, η πορτοκαλάδα, η μπίρα. We can add a few more:

η γυναίκα *[i yinéka]* the woman
η ώρα *[i óra]* the time, the hour
η θάλασσα *[i thálasa]* the sea
η χώρα *[i hóra]* the country

11.3 Neuter endings

The most common neuter endings are: **-ο, -ι.** We have already used words like
these, as in **το φθινόπωρο, το Σάββατο, το παιδί, το κρασί, το καλοκαίρι.** A
few new ones worth learning are:

το πρόσωπο *[to prósopo]* the face
το βουνό *[to vunó]* the mountain
το δέντρο *[to dhéntro]* the tree
το τραγούδι *[to trayúdhi]* the song
το ψωμί *[to psomí]* the bread

Exercise 12

Insert the appropriate article before each of the following nouns to indicate the
gender, which you can deduce from the endings in accordance with the rules
outlined above.

1	ντομάτα	9	φαΐ
2	κέντρο	10	άνοιξη
3	μπουκάλι**	11	αδερφή*
4	Άννα	12	Δευτέρα
5	φίλος*	13	φίλη*
6	μπουκάλα**	14	αδερφός*
7	παγωτό	15	Σάββατο
8	χειμώνας	16	όνομα

* The same stem takes the ending **-ος** when referring to a man and **-η** when referring to a
woman.

** The meaning of the two words is roughly the same. One is neuter and the other
feminine, however.

We have already used a few nouns which do not have the endings discussed so
far, e.g. **ο καφές, το βράδυ.** Some of these will be dealt with in Lesson 8,
Section 42.

12 Cases: nominative, accusative, vocative

The endings of nouns and of the definite and indefinite articles change according to the use of the noun within the sentence. In Greek there are four distinct cases in the singular and plural.

In Lesson 2 we referred to 'the month' as **ο μήνας** (singular) and to 'the months' as **οι μήνες** (plural). Similarly **η μέρα** became **οι μέρες**, i.e. 'the days'. Here we shall deal with three of the four cases, both in the singular and in the plural. The fourth, the genitive, will be dealt with in Lesson 7.

12.1 Cases of the definite article

	masculine	feminine	neuter
Singular:			
nominative	ο	η	το
accusative	το(ν)	τη(ν)	το
vocative	–	–	–
Plural:			
nominative	οι	οι	τα
accusative	τους	τις	τα
vocative	–	–	–

13 Cases of nouns (singular)

13.1 Feminine and neuter nouns

In feminine and neuter nouns all three cases maintain the same ending. The only visible change, where it occurs, is in the definite article which precedes the noun.

Feminine

nom. η δραχμή *[i dhrahmí]* the drachma   η γυναίκα *[i yinéka]* the woman
acc. τη δραχμή   τη γυναίκα
voc. δραχμή   γυναίκα

Neuter

nom. το δέντρο *[to dhéntro]* the tree   το παιδί *[to pedhí]* the child
acc. το δέντρο   το παιδί
voc. δέντρο   παιδί

You will have observed that while the definite article changes in the feminine nouns, it remains the same in the neuter. It also changes from case to case in the masculine nouns.

13.2 Masculine nouns

Here the final -ς of the nominative (ο άνθρωπος, ο άντρας, ο μαθητής) disappears in the other two cases.

nom.	ο άντρας *[o ántras]* the man	ο μαθητής *[o mathitís]* the pupil	
acc.	τον* άντρα	το* μαθητή	
voc.	άντρα	μαθητή	

In the masculine nouns ending in -ος there is an additional change, in that the ending of the vocative also changes.

nom.	ο άνθρωπος *[o ánthropos]* (the) man (mankind)
acc.	τον* άνθρωπο
voc.	άνθρωπε

* Whether the final ν is present or not is determined by the particular vowel/consonant beginning the word that follows. This need not concern us at this stage.

Exercise 13

Give the three cases of the nouns below. In brackets you will find a similar noun already declined in the previous sections.

1	η εποχή (η ζέστη)	5	ο μήνας (ο άντρας)
2	η νίκη (η ζέστη)	6	ο επιβάτης (ο μαθητής)
3	η Μαρία (η γυναίκα)	7	το κρασί (το παιδί)
4	ο αδερφός (ο άνθρωπος)	8	το κέντρο (το δέντρο)

14 Use of cases

The different cases of the nouns are used as follows.

14.1 Nominative

The nominative (i.e. ο άνθρωπος, η γυναίκα, το παιδί) is used when the noun is the subject of the verb (e.g. 'George is a man': *George* is the subject).

Ο Γιώργος* είναι άντρας. *[O Yióryos íne ántras.]* George is a man.
Η Νίκη* είναι γυναίκα. *[I Níki íne yinéka.]* Nicky is a woman.
Το κρασί είναι κρύο. *[To krasí íne krío.]* The wine is cold.

* Note that names are always preceded by the definite article, as shown here.

Exercise 14

Choose from the list of nouns the appropriate one to fill each space in the following sentences. Do not forget to include the appropriate article.

Ελένη, μαθητής, μαθήτρια (girl pupil), γκαρσόνι, δεσποινίς Μαρία, παγωτό, άντρας

1 ... και ... είναι παιδιά.
2 ... είναι κρύο.
3 ... γράφει.
4 ... στο καφενείο έχει ένα μέτριο καφέ.
5 ... έχει το λογαριασμό.
6 ... πίνει μια λεμονάδα.

14.2 Accusative

The accusative (i.e. τον άνθρωπο, τη γυναίκα, το παιδί) is used when the noun is the direct object of a verb (e.g. 'He drank a beer': *beer* is the object).

Πίνει* την πορτοκαλάδα. *[Píni tin portokaládha.]* He/she is drinking the orangeade.
Κοιτάζει* το παιδί. *[Kitázi to pedhí.]* He/She is watching the child.
Η κυρία πληρώνει το λογαριασμό. *[I kiría pliróni to loyariasmó.]* The lady is paying the bill.

* Note the absence of 'he, she, it', as would be necessary in English (i.e. you cannot say 'drinks water'; the person must be specified by he, she or it). In Greek, however, this is perfectly possible and occurs frequently.

Exercise 15

The brackets indicate the kind of word(s) you are required to use to complete the sentences.

1 Πίνει ... (name any drink)
2 Κοιτάζει ... (the bill)
3 Έχουμε ένα ... (boy)
4 Είσαι ... (pupil: female)
5 Γράφω ... (name) μου.

14.3 Vocative

The vocative is used to call or address a person, e.g. **Μαρία, Ελένη, άνθρωπε, κύριε, κυρία.**

Έλα, παιδί. *[Éla, pedhí.]* Come, child.

Τι θέλεις άνθρωπέ* μου; *[Ti thélis ánthropé mu?]* What do you want, my man?

Έλα, Μαρία. *[Éla María.]* Come, Maria.

Τι λες φίλε μου; *[Ti les fíle mu?]* What do you say (*or* are you saying), my friend?

Μάλιστα κύριε. *[Málista kírie.]* Certainly, Sir.

This case is normally used with the verb in the second person, as in two of the examples above.

*For an explanation of the two accents, please see Lesson 7, page 62.

Exercise 16

Use the following words in the correct form to call people to join you.

Έλα ...   1 η Ελένη   4 η κυρία
           2 το παιδί   5 ο κύριος
           3 ο φίλος   6 η αδερφή

Exercise 17

Give the accusative of the following nouns (e.g. **τον άνθρωπο**).

1	το παγωτό	5	το κρασί
2	ο φίλος	6	η φίλη
3	ο χειμώνας	7	η ντομάτα
4	η άνοιξη	8	το φθινόπωρο

Exercise 18

Place the appropriate title – **κύριος, κυρία, δεσποινίς** – before each name and try to attract each person's attention by calling him or her (e.g. **η δεσποινίς Ελένη, δεσποινίς Ελένη**).

1	η Μαρία	4	ο Γιώργος
2	ο Σωτήρης	5	ο Αντρέας *[o Andréas]* Andrew
3	η Νίκη		

15 Cases of nouns (plural)

Similar rules apply to the use of the different cases in the plural, when more than one object or person is involved. The plural of nouns is formed as follows.

Feminine nouns have the ending -ες:

η γυναίκ-α   οι γυναίκ-ες *[i yinékes]*
η ώρ-α   οι ώρ-ες *[i óres]*
η δραχμ-ή   οι δραχμ-ές *[i dhrahmés]*
η αδερφ-ή   οι αδερφ-ές *[i adherfés]*

Neuter nouns have the ending -α:

το παιδί   τα παιδι-ά *[ta pedhiá]*
το κρασί   τα κρασι-ά *[ta krasiá]*
το δέντρ-ο   τα δέντρ-α *[ta dhéntra]*
το βουν-ό   τα βουν-ά *[ta vuná]*

Masculine nouns ending in -ης and -ας take the ending -ες, while those ending in -ος have the ending -οι:

ο μαθητής   οι μαθητές *[i mathités]*
ο επιβάτης   οι επιβάτες *[i epivátes]*
ο ναύτης   οι ναύτες *[i náftes]*
ο άντρας   οι άντρες *[i ántres]*
ο πατέρας   οι πατέρες *[i patéres]*

ο άνθρωπος   οι άνθρωποι *[i ánthropi]*
ο ουρανός   οι ουρανοί *[i uraní]*
ο δρόμος   οι δρόμοι *[i dhrómi]*

15.1 Feminine and neuter nouns

The only changes occur in the definite article.

Feminine

nom.	οι δραχμές	οι γυναίκες
acc.	τις δραχμές	τις γυναίκες
voc.	δραχμές	γυναίκες

Neuter

nom.	τα δέντρα	τα παιδιά
acc.	τα δέντρα	τα παιδιά
noc.	δέντρα	παιδιά

15.2 Masculine nouns

The only change from case to case with nouns ending in -ας and -ης occurs in the article.

nom.	οι άντρες	οι μαθητές
acc.	τους άντρες	τους μαθητές
voc.	άντρες	μαθητές

But a change does occur in the ending of masculine nouns ending in -ος.

nom.	οι άνθρωποι	οι δρόμοι
acc.	τους ανθρώπους*	τους δρόμους
voc.	άνθρωποι	δρόμοι

* The accent has moved from the first to the second syllable. This is not always the case; whether it occurs or not is determined by a number of factors which are beyond the scope of this book. It will be sufficient to point out that it is unlikely to occur in words with less than three syllables. The second noun above is an example of this.

Examples:

Το πρωί η Νίκη πίνει δυο πορτοκαλάδες.
[To proí i Níki píni dhio portokaládhes.]
In the morning Nicky drinks two orangeades.

Κοιτάζει τους άντρες στο* καφενείο και τα παιδιά στο δρόμο.
[Kitázi tus ántres sto kafenío ke ta pedhiá sto dhrómo.]
He/She is watching the men at the coffee shop and the children in the street.

* = 'at'; see Lesson 11, Section 54.

Exercise 19

Give the endings of the following nouns. They are preceded by their articles to help you identify their gender.

1	οι μαθήτρι...	6	τα κρασι...
2	η γυναίκ...	7	τους λογαριασμ...
3	τους φίλο...	8	τις μπουκάλ...
4	τις φίλ...	9	τα παγωτ...
5	οι ντομάτ...	10	τα ποτήρ...

Exercise 20

Use the nouns below in the appropriate case to complete the sentences.

Αντρέας, ντομάτα, παιδιά, μαθήτριες, μαθητές, κυρίες, λογαριασμός

1 Έχουμε μαθητές και ...
2 Οι ... πίνουν κρύο κρασί.
3 Ελάτε ...
4 Κοιτάζει τους ...
5 Θέλει μια ...
6 Ο ... πληρώνει το ...

Exercise 21

The following are facial features and parts of the head. Either the endings of the nouns or the articles are given. Add the missing letters to complete the nouns/articles.

1 τα μαλλι- *[ta mali-]* the hair (plural)
2 τα μάτι- *[ta máti-]* the eyes
3 - μύτη *[- míti]* the nose

4 -- στόμα *[-- stóma]* the mouth
5 - λαιμός *[- lemós]* the throat
6 τα αυτι- *[ta afti-]* the ears

16 Gender and names

The names for most animals have a masculine form for males, a feminine form for females and a neuter form for those occasions on which the animal's sex is either unknown or irrelevant.

ο σκύλος *[o skílos]* the dog (male)
η σκύλα *[i skíla]* the dog (female)
το σκυλί *[to skilí]* the dog

ο γάτος *[o yátos]* the cat (male)
η γάτα *[i yáta]* the cat (female)
το γατί *[to yatí]* the cat

It is interesting to note that a neuter noun is used with reference to the young, including boys and girls.

το αγόρι *[to ayóri]* the boy
το κορίτσι *[to korítsi]* the girl

VOCABULARY

το ξενοδοχείο *[to xenodhohío]* hotel
πολύς, πολλή, πολύ* *[polís, polí, polí]* many
κάθε *[káthe]* each, every
το δωμάτιο *[to dhomátio]* room
το μπάνιο *[to bánio]* bath
όλος, όλη, όλο *[ólos, óli, ólo]* all
το σύστημα κλιματισμού *[to sístima klimatismú]* air conditioning
το ισόγειο *[to isóyio]* ground floor
το εστιατόριο *[to estiatório]* restaurant
η καφετιρία** *[i kafetiría]* cafeteria
το προσωπικό *[to prosopikó]* staff

φιλικός, φιλική, φιλικό* *[filikós, filikí, filikó]* friendly
το περιβάλλον *[to periválon]* atmosphere, environment
ευχάριστος, ευχάριστη, ευχάριστο* *[efháristos, efháristi, efháristo]* pleasant

* Adjectives are given in their masculine, feminine and neuter forms in full.
** At the **καφενείο** men drink coffee or soft drinks and play cards or backgammon, or just relax away from the women. A cafeteria is open to all and offers a greater variety of drinks and snacks.

READING PRACTICE

Το ξενοδοχείο

Το ξενοδοχείο έχει πολλά δωμάτια. Το κάθε δωμάτιο έχει μπάνιο. Όλα τα δωμάτια έχουν σύστημα κλιματισμού. Στο ισόγειο είναι το εστιατόριο και μια καφετιρία. Το προσωπικό είναι φιλικό και το περιβάλλον ευχάριστο.

Exercise 22

Use the vocabulary you have learnt to complete these sentences. Remember that the accusative is used if the noun is the object of the verb and the plural when referring to more than one thing.

1   Τα δ------ έχουν μπάνιο.
2   - καφετιρία είναι στο ισόγειο.
3   Τα δωμάτια έχουν σ------ κλιματισμού.
4   Το ξ--------- είναι ευχάριστο και το πρ------- φιλικό.

17 Introductions

When you are first introduced to people, the person making the introductions will probably use a formula in which names are the main or only element. In its simplest form it can be:

– Ο κύριος Παύλος Παπαδόπουλος.
[O kírios Pávlos Papadhópulos.]
Mr Paul Papadopoulos.

– Η δεσποινίς Αλίκη Δημητρίου.
[I dhespinís Alíki Dhimitríu.]
Miss Alice Demetriou.

It may, however, be slightly more sophisticated, depending on how formal the introductions need to be.

– Επιτρέψτε μου να σας συστήσω τον κύριο Παύλο Παπαδόπουλο.
[Epitrépste mu na sas sistíso ton kírio Pávlo Papadhópulo.]
Allow me to introduce Mr Paul Papadopoulos.

– Η δεσποινίς Αλίκη Δημητρίου.
[I thespinís Alíki Dhimitríu.]
Miss Alice Demetriou.

At the other extreme it may be much more informal.

– ο Παύλος *[o Pávlos]* Paul   – η Αλίκη *[i Alíki]* Alice

When introduced to someone the most common response is:

– Χαίρω πολύ. *[Héro polí.]* Glad to meet you.

If the person you have been introduced to uses this acknowledgement first, then the response could be:

– Κι εγώ. *[Ki egó.]* Me too.   or   – Επίσης. *[Epísis.]* Also.

These are more or less standard formulas; variations are possible, but difficult to predict. What you need to remember is the standard formula **χαίρω πολύ**.

Exercise 23

You are with an English friend, Peter, and you meet a Greek friend, **Γιώργος**. Introduce them to each other.

Peter will probably say 'hello'; what will **Γιώργος** say in Greek?

Lesson 4

18 The verb αγαπώ (I love)

In Lesson 2 we dealt with the category of verbs which have their accent on the last but one syllable and conjugate like έχω. In this lesson we shall deal with those belonging to the second category, with the accent on the last syllable, which conjugate like αγαπώ *[ayapó]* 'I love'.

Remember that in Greek the present tense is used to describe both actions taking place now as well as those which are repeated, e.g. I am drinking coffee now (continuous), I drink coffee every morning (simple). The same tense expresses both actions in Greek, i.e. πίνω καφέ τώρα, πίνω καφέ κάθε πρωί.

Singular	Plural
αγαπώ *[ayapó]* I love	αγαπούμε *[ayapúme]* we love
αγαπάς *[ayapás]* you love	αγαπάτε *[ayapáte]* you love
αγαπά *[ayapá]* he/she/it loves	αγαπούν *[ayapún]* they love

The verb ζητώ *[zitó]* 'I ask for, seek' conjugates like αγαπώ.

Exercise 24

Conjugate ζητώ and check the endings with those of αγαπώ.

19 The verb μπορώ (I can)

Some of the verbs ending in -ώ like αγαπώ conjugate with different endings. One example is μπορώ *[boró]* 'I can'.

Singular	Plural
μπορώ *[boró]* I can	μπορούμε *[borúme]* we can
μπορείς *[borís]* you can	μπορείτε *[boríte]* you can
μπορεί *[borí]* he/she/it can	μπορούν *[borún]* they can

Παρακαλώ *[parakaló]* 'I ask, I beg' is another verb that conjugates like μπορώ. It can also be used as the Greek equivalent of 'please', or 'it's a pleasure' in response to 'thank you'. This use is illustrated in the last reading passage in this lesson.

Unfortunately there is no easy way of distinguishing which of the verbs belonging to this category, ending in ώ, conjugate like **αγαπώ** and which like **μπορώ**. You will gradually learn to remember them.

Exercise 25

Conjugate the verb **παρακαλώ** and compare the endings with those of **μπορώ**.

Exercise 26

Make 2 sentences with each group of words below, describing actions (a) which occur as a matter of habit and (b) which are in progress now. You may have to add words such as articles where necessary.

1 αγαπώ, Μαρία
2 Γιώργος, πίνω κρασί
3 προσωπικό, είμαι ευχάριστο
4 ξενοδοχείο, έχω, εστιατόριο
5 δωμάτιο, έχω, μπάνιο, σύστημα κλιματισμού
6 κύριος, δεσποινίς, πληρώνω, λογαριασμό

20 The polite plural

In Lesson 3 we learnt that the vocative case of nouns, i.e. **κύριε, κυρία, δεσποινίς**, is used with the second person of the verb, e.g.: **Τι λες φίλε μου;** (What are you saying, my friend?).

Λες is used here in the second person singular. If you are on reasonably familiar terms with someone, this is the form you will use when addressing him/her. Examples:

– Έχεις τσιγάρα; *[Éhis tsiyára?]* Do you have cigarettes?
– Θέλεις κρασί; *[Thélis krasí?]* Do you want wine?

If you are not on familiar terms, you yourself will be addressed in and, in return, be expected to use the polite plural. Examples:

– Έχετε τσιγάρα; *[Éhete tsiyára?]* Do you have cigarettes?
– Θέλετε κρασί; *[Thélete krasí?]* Do you want wine?
– Τι λέτε; *[Ti léte?]* What do you say?/What are you saying?

21 The polite third person

You may even be addressed in the third person, which is a stage more polite still, but you will not be expected to reciprocate in the same form. At a restaurant or cafe you may well be approached by the waiter with:

– Τι θέλετε κύριε;
or – Τι θέλει ο κύριος; *[Ti théli o kírios?]* What does the gentleman want?

On the telephone, when you ask to speak to somebody you may be asked:

– Ποιος* τον ζητά; *[Pios ton zitá?]* Who is asking for him?
or – Ποιος μιλά; *[Pios milá?]* Who is speaking?

When you ring the bell of a house, you may be asked from inside:

– Ποιος είναι; *[Pios íne?]* Who is it?

Remember this use of the third person so that you can recognise it when it is used, but it is sufficient to use the polite plural when you speak to people whom you do not know very well or who are much older than you.

* This word, as well as ποια/ποιο on page 42, is pronounced as one syllable in a similar way to μια, δυο.

Exercise 27

The following short phrases are in the second person singular, i.e. the informal way of address. Change the verbs to the polite plural (i.e. the second person plural) as if speaking to a person you have only just met.

1   – Τι θέλεις;
2   – Τι λες;
3   – Θέλεις κρασί;
4   – Αγαπάς τη Μαρία;
5   – Έχεις δωμάτιο σε ξενοδοχείο;
6   – Είσαι από την Ελλάδα;
7   – Θέλεις έναν καφέ κύριε;

22 Personal pronouns

The form of personal pronouns we shall be discussing in this lesson is that used as the subject of verbs (i.e. the nominative).

Singular

εγώ *[eyó]* I
εσύ *[esí]* you
αυτός *[aftós]* he
αυτή *[aftí]* she
αυτό *[aftó]* it

Plural

εμείς *[emís]* we
εσείς *[esís]* you
αυτοί *[aftí]* they (masc.)
αυτές *[aftés]* they (fem.)
αυτά *[aftá]* they (neuter)

The plural form εσείς is used in place of εσύ where the polite plural is appropriate, as explained earlier. Study this usage in the following short dialogue.

DIALOGUE

- Πώς είστε σήμερα; *[Pós íste símera?]* How are you today?
- Πολύ ωραία, ευχαριστώ *[Polí oréa efharistó.]* Very well, thank you.
  Κι εσείς; *[Ki esís?]* And you?
- Έτσι κι έτσι.* *[Étsi ki étsi.]* So so. (Not very well.)

* This last phrase is worth remembering. It is widely used in a variety of situations which call for a lukewarm response.

VOCABULARY

δίκλινος, δίκλινη, δίκλινο *[dhíklinos, dhíklini, dhíklino]* twin-bed (room)
μόνο *[móno]* only
ο όροφος *[o órofos]* floor (storey)
δεύτερος, δεύτερη, δεύτερο *[dhéfteros, dhéfteri, dhéftero]* second
εντάξει *[entáxi]* OK
δώδεκα *[dhódheka]* twelve
ο αριθμός *[o arithmós]* number
το όνομα *[to ónoma]* name
το διαβατήριο *[to dhiavatírio]* passport
το κλειδί *[to klidhí]* key
σας *[sas]* your

READING PRACTICE

Στο ξενοδοχείο *[Sto xenodhohío]* At the hotel

- Καλημέρα.
- Καλημέρα. Έχετε δωμάτια;
- Ναι, έχουμε. Πόσα δωμάτια θέλετε;
- Ένα δωμάτιο με μπάνιο, παρακαλώ.
- Δίκλινο;
- Ναι.

– Για πόσες μέρες το θέλετε;
– Για μια βδομάδα* μόνο.
– Έχουμε ένα δίκλινο δωμάτιο με μπάνιο στο δεύτερο όροφο.
– Εντάξει.
– Το όνομά σας παρακαλώ.
– Αλίκη Γεωργίου.
– Και το διαβατήριό σας παρακαλώ.
– Ορίστε.
– Το κλειδί σας. Το δωμάτιό σας είναι το δώδεκα στο δεύτερο όροφο.
– Ευχαριστώ.
– Παρακαλώ.**

* Another form of the word we met in Lesson 1 as εβδομάδα.
** Note the use of **παρακαλώ** in response to ευχαριστώ.

Exercise 28

You have arrived at an hotel at which you have already reserved a room. The new phrase you need for this is **έχω κλείσει δωμάτιο** (the verb is in the present perfect tense; see Lesson 10). Fill in your part in response to the receptionist's questions. Remember to tell the receptionist that the room you have reserved has a bath.

–
– Καλησπέρα σας.
–
– Δίκλινο δωμάτιο;
–
– Το όνομά σας παρακαλώ.
–
– Το διαβατήριό σας, παρακαλώ.
–
– Το δωμάτιό σας είναι στον πρώτο όροφο. Το κλειδί σας.
–
– Παρακαλώ.

You will find some possible responses in the Key to exercises, at the back of the book.

This is the last lesson in which we will be providing a pronunciation guide. From the next lesson onwards you will be expected to have sufficient mastery of the sounds of the Greek alphabet to read on your own (and with the help of the tapes if you have them) with reasonable confidence.

Lesson 5

23 Past tenses

When describing events which took place in the past, one of the two past tenses is usually appropriate: these are the imperfect and the past tenses. In this lesson we shall deal with the imperfect tense.

24 Imperfect tense

This is used to describe a continuous action in the past or one that occurred repeatedly, e.g. εγώ έγραφα και εσύ έπινες κρασί (I was writing and you were drinking wine); έγραφα συχνά (I wrote frequently).

24.1 Imperfect of έχω

Present	Imperfect
έχω	είχα
έχεις	είχες
έχει	είχε
έχουμε	είχαμε
έχετε	είχατε
έχουν	είχαν

24.2 Verbs like γράφω

Verbs like **γράφω**, which have the accent on the penultimate syllable, change in three ways: endings, prefix and accent.

Present	Imperfect
γράφ-ω	έ-γραφ-α
γράφ-εις	έ-γραφ-ες
γράφ-ει	έ-γραφ-ε
γράφ-ουμε	(ε)-γράφ-αμε
γράφ-ετε	(ε)-γράφ-ατε
γράφ-ουν	έ-γραφ-αν

It is advisable to learn the new endings. Note the tendency, as in **γράφω – έγραφα**, for verbs with less than three syllables to acquire an extra syllable by adding the letter **ε**. In both the past tenses this is necessary in order to enable the accent to move to the third syllable from the end. Compare the following two-syllable verbs:

Present	Imperfect
σπρώχν-ω (I push)	έ-σπρωχν-α
φεύγ-ω (I leave)	έ-φευγ-α
κόβ-ω (I cut)	έ-κοβ-α

with the following three-syllable ones:

διαβάζ-ω (I read)	διάβαζ-α
καπνίζ-ω (I smoke)	κάπνιζ-α
αλλάζ-ω (I change)	άλλαζ-α
κοιτάζ-ω (I look)	κοίταζ-α
θυμών-ω (I get angry)	θύμων-α

Examples:

Διαβάζαμε τη Guardian. Τώρα διαβάζουμε την Times.
We used to read the *Guardian.* Now we read the *Times.*

Κοίταζαν το δωμάτιο και το μπάνιο.
They were looking at the room and the bathroom.

Κάπνιζα ένα μεγάλο πούρο.
I was smoking a large cigar.

Exercise 29

Give the imperfect of **κοιτάζω** and **σπρώχνω** in full.

24.3 Verbs like αγαπώ

Verbs which have the accent on the last syllable like **αγαπώ** form the imperfect somewhat differently.

Present	Imperfect
αγαπ-ώ	αγαπ-ούσα
αγαπ-άς	αγαπ-ούσες
αγαπ-ά	αγαπ-ούσε
αγαπ-ούμε	αγαπ-ούσαμε
αγαπ-άτε	αγαπ-ούσατε
αγαπ-ούν	αγαπ-ούσαν

40

There is no lengthening of the verb through addition of a prefix and no movement of the accent. The following are some more examples:

προχωρ-ώ (I proceed)   προχωρ-ούσα
προτιμ-ώ (I prefer)   προτιμ-ούσα
ζητ-ώ (I seek, ask)   ζητ-ούσα
πουλ-ώ (I sell)   πουλ-ούσα

Not all verbs conform with these rules. Many are irregular and must be learnt. Some of the most commonly used verbs will be given in later lessons.

Examples:
Ο Γιώργος αγαπούσε τη Μαρία. Τώρα αγαπά τη Νίκη.
George used to be in love with Maria. Now he loves Nicky.

Ζητούσαμε ένα πακέτο τσιγάρα και σπίρτα.
We were asking for a packet of cigarettes and matches.

Προτιμούσε έναν καφέ γλυκύ.
He used to prefer a sweet coffee.

Exercise 30

Give the imperfect of the verbs **προχωρώ** and **προτιμώ** in full.

24.4 The irregular verb είμαι

The most important irregular verb is **είμαι**. Strictly speaking it does not belong in this section of the course, because it has the passive voice ending, which will be dealt with in Lessons 12 onwards. However, because of the frequency with which it is used, it is necessary to deal with it at this point. Like **έχω** it has only one past tense – the imperfect – which is used as imperfect and past and is as follows:

Present	Imperfect
είμαι	ήμουν
είσαι	ήσουν
είναι	ήταν
είμαστε	ήμαστε
είσαστε/είστε	ήσαστε
είναι	ήταν

Examples:

Ήμουν στο* ξενοδοχείο.   I was at the hotel.

Ήταν στο* καφενείο και κάπνιζαν τσιγάρα.
They were at the coffee shop smoking cigarettes.

* = 'at'; see Lesson 11, Section 54.

Exercise 31

The sentences below are in the present tense. Change them so that they are in the imperfect. You may have to change other words in addition to verbs, e.g. τώρα (now) will no longer be relevant. As an extra exercise, translate them as they stand here.

1 Αγαπούμε τη Μαρία.
2 Διαβάζω εφημερίδα τώρα.
3 Αλλάζει τα παπούτσια.
4 Κοιτάζουν το δωμάτιο.
5 Θυμώνω στην Ελένη.
6 Τώρα καπνίζω τσιγάρο. Την Κυριακή καπνίζω πούρο.
7 Εχετε δυο αδερφούς.
8 Ζητώ μια φίλη.
9 Προτιμάτε τη μπίρα.
10 Προχωρώ.

25 Punctuation

Punctuation marks are the same in Greek as in English, with a few notable exceptions.

25.1 The question mark

The most important exception is the question mark, which is exactly the same as the English semicolon (;). Examples:

– Θέλετε ένα ούζο;   Do you want an ouzo?
– Πώς είστε;   How are you?
– Το όνομά σας;   Your name?

25.2 The semicolon

The Greek semicolon is the same as the full stop, but placed higher up beside the end of a phrase. It looks like this (·). Example:

Το ξενοδοχείο είναι γεμάτο· δεν έχει δωμάτια.

25.3 Quotation marks

The quotation marks in Greek look like this (« »). Example:

«Έλα, Νίκη.»

They are also used to indicate that a word or phrase is used metaphorically, e.g.
αυτό είναι «το κλειδί» της υπόθεσης (this is the key to the matter). In the
dialogues encountered so far no use has been made of quotation marks. This is
because quotation marks are only used if direct speech is reported within a
narrative. If, however, it is set apart from narrative, it is simply indicated by a
dash. Example:

– Είστε ο Παύλος ή ο Γιώργος;
– Είμαι ο Παύλος.

25.4 Omission marks

Dots are used to indicate the omission of words, especially in humorous
writing, as an invitation to the reader to use his/her imagination, e.g. είπε
«βλέπουμε ... » (he said 'we'll see...').

26 Questions

There are two kinds of questions: those that begin with a question word and
those that do not. The following are some question words:

Πού;	Where?
Πόσο;	How much?
Πώς;	How?
Ποιος, ποια, ποιο;	Who, which?
Τι;	What?

No alteration in the word order is required in a question, although there is a
difference in intonation similar to that in English.

Θέλετε ένα παγωτό.	is a statement
Θέλετε ένα παγωτό;	is a question
Πίνετε καφέ.	describes an action whilst
Πίνετε καφέ;	is an enquiry.
Τι θέλετε;	What do you want?
Πώς είστε;	How are you?
Πού πάτε;	Where are you going?
Ποιον/ Ποια θέλετε;	Who do you want?

Of the question words, πώς and πού are accented if used in a question, to distinguish them from their use as relative pronouns. (The latter will be dealt with in Lesson 10.) The following two examples will illustrate briefly their different uses:

Πού είναι το φαρμακείο;   Where is the chemist's?
Ο κύριος που είναι στο φαρμακείο.   The gentleman who is at the chemist's.

Here are a few more useful questions you may hear or want to use yourself:

Πόσο κάνει;	How much is it?
Πόσα θέλετε;	How many do you want?
Πόσο θέλετε;	How much do you want?
Πώς είστε;	How are you?
Πού είναι;	Where is it?

In the last lesson (Section 21) we dealt with some of the uses of τι and ποιος, ποια, ποιο in conjunction with the polite third person as used in polite forms of address.

Ποιος μιλά;
Ποιος είναι;
Τι θέλει η κυρία;

VOCABULARY

σημερινός, ή, ό*   today's
χθεσινός, ή, ό   yesterday's
ορίστε   here you are
τα ρέστα *(plural)*   the change
τα ρέστα σας   your change

* All adjectives will from now on appear like this, i.e. the masculine form in full, followed by the feminine and neuter endings. Adjectives agree in gender and case with the nouns they define (see Lesson 9).

Exercise 32

The following short exchange is a possible scenario at a street kiosk where you wish to buy an English newspaper: **μια αγγλική εφημερίδα,** preferably today's issue. The answers are already provided for you. What will your questions be and how will you greet the busy and rather hot, probably irritable, man in the kiosk?

Εσείς -
Αυτός - Καλημέρα.
Εσείς -
Αυτός - Ναι, έχουμε δυο αγγλικές εφημερίδες
Εσείς -
Αυτός - Την Times και την Telegraph˙ ποια θέλετε;
Εσείς - Την Times παρακαλώ. Είναι σημερινή;
Αυτός - Όχι, χθεσινή. Ορίστε.
Εσείς - Ευχαριστώ, ...
Αυτός - Εκατό δραχμές, παρακαλώ
Εσείς - Ορίστε.
Αυτός - Τα ρέστα σας.
Εσείς -

27 Negation

The simplest form of negation is that of saying 'No' - Όχι.

- Είστε η δεσποινίς Αλίκη;
- Όχι.

If, however, you want to give a more complex answer such as 'No, I am not', this could be:

- Όχι, δεν είμαι η δεσποινίς Αλίκη.

In Greek there are two negative words that can be used with a verb: δε(ν) and μη(ν). Μη or μην is the Greek equivalent of the English 'don't' (prohibition). In most other cases δε or δεν is appropriate.

Note: The final ν at the end of δε and μη may be added or not in line with rules similar to those applying to the accusative of the indefinite article (see Section 13.2). They are rather involved and outside the scope of this book. It is sufficient to be aware that both forms occur and that either will do at this stage.

27.1 Δε(ν)

This is used in such phrases as:

- Δεν καπνίζω. I don't smoke.
- Δεν έχω σημερινή εφημερίδα, έχω χθεσινή. I don't have today's newspaper, I have yesterday's.
- Δυστυχώς δεν έχουμε δωμάτια. Unfortunately we don't have any rooms.
- Δεν είμαι η κυρία Παπαδοπούλου. I am not Mrs Papadopoulou.

27.2 Μη(ν)

You will come across this frequently on public notices. In the public gardens you will see notices like this:

ΜΗΝ ΚΟΒΕΤΕ ΤΑ ΛΟΥΛΟΥΔΙΑ   Don't cut the flowers
(μην κόβετε τα λουλούδια)
ΜΗΝ ΠΑΤΑΤΕ ΤΟ ΓΡΑΣΙΔΙ   Do not walk on the grass
(μην πατάτε το γρασίδι)

By the road you will see signs like these:
ΜΗ ΣΤΑΘΜΕΥΕΤΕ   No parking
(μη σταθμεύετε)
ΑΠΑΓΟΡΕΥΕΤΑΙ Η ΣΤΑΘΜΕΥΣΗ   Parking is prohibited
(απαγορεύεται η στάθμευση)

In no-smoking areas the signs may read as either of these:

ΜΗΝ ΚΑΠΝΙΖΕΤΕ   No smoking
(μην καπνίζετε)
ΑΠΑΓΟΡΕΥΕΤΑΙ ΤΟ ΚΑΠΝΙΣΜΑ   Smoking is prohibited
(απαγορεύεται το κάπνισμα)

On trains there are other signs, such as:

ΜΗ ΣΤΗΡΙΖΕΣΤΕ ΣΤΗΝ ΠΟΡΤΑ   Do not lean against the door
(μη στηρίζεστε στην πόρτα)

Μη(ν) is also used in those short and sharp exhortations mothers are so given to: 'don't...'

Μη το λουλούδι   Not the flower (i.e. don't damage it)
Μη την πόρτα   Not the door (i.e. don't slam it)

27.3 The double negative

Unlike English, Greek always uses the double negative; i.e. δε(ν) is used even when there is another negative word in the sentence. The following are a few useful negative words:

τίποτα   nothing (also: anything)
ποτέ   never (also: ever)
πουθενά   nowhere (also: anywhere)
κανένας, καμιά, κανένα   no one, none (also: anyone)

Some of the questions we encountered earlier in this lesson can be anwered like
this in the negative:

– Τι θέλετε;   – Δε θέλω τίποτα.
– Πού πάτε;   – Δεν πάω πουθενά.
– Ποιον θέλετε;   – Δε θέλω κανέναν.

Exercise 33

Complete the following sentences by inserting the correct negative word, **μην**,
δεν or **όχι**.

1 ... αγαπώ την Ελένη.
2 ... , δεν έχουμε δωμάτια με μπάνιο.
3 ... καπνίζετε στο εστιατόριο.
4 ... θέλω τίποτα.
5 Αυτό το ξενοδοχείο ... έχει καφετιρία
6 Ποτέ ... κόβω λουλούδια.
7 Η εβδομάδα έχει μόνο 7 μέρες. ... έχει 12.

READING PRACTICE

Read the following passage describing an early morning scene at a bus queue.
You will find the meaning of most of the words in the vocabulary list that
follows. At this stage it is important to understand the gist of the events
outlined. Concentrate on that and do not worry if you do not know every
word. When you come to use your Greek in a real-life situation it is unlikely
that you will understand every word used; but with luck you should understand
enough to get the overall message. This is what is crucial in any attempt at
communication in the early stages of learning a foreign language.

Η ουρά

Κόσμος πολύς, βιαστικός και η ουρά για το λεωφορείο μεγάλη. Ένας
καλοντυμένος κύριος διαβάζει εφημερίδα. Μια κυρία, επίσης
καλοντυμένη, είναι πολύ βιαστική. Κοιτάζει την ουρά μπροστά, ανησυχεί
ο κύριος διαβάζει την εφημερίδα. Φτάνει το λεωφορείο και όλοι
προχωρούν. Ο κύριος όμως δεν είναι βιαστικός. Διπλώνει ήσυχα την
εφημερίδα και κοιτάζει γύρω. Η κυρία είναι βιαστική, σπρώχνει τον κύριο.
– Κυρία μου, τη σειρά σας.
– Είμαι βιαστική, εσείς δεν είστε.
– Βιαστικός είμαι, εσείς δεν έχετε τρόπους.
– Μη μιλάτε έτσι, κύριε· το απαγορεύω.
– Τι λέτε, κυρία μου;
– Το απαγορεύω, κύριε.
Το λεωφορείο φεύγει ... χωρίς τον κύριο και την κυρία.

It is worth drawing attention to the use of the present tense in the above passage. The present is often used to narrate events which took place in the past. This is a way of enlivening the story and endowing it with immediacy as it unfolds before the very eyes of the audience.

VOCABULARY

η ουρά   queue, tail
ο κόσμος   people
πολύς, πολλή, πολύ   many, a lot of
βιαστικός,ή,ό   a person in a hurry
ανήσυχος,η,ο   agitated
μεγάλος,η,ο   large, big (here: long)
καλοντυμένος,η,ο   well dressed
διαβάζω   I read
κοιτάζω   I look at
επίσης   also
μπροστά   in front
προχωρώ   I proceed, I move on
γύρω   round
όλος,η,ο   all
σπρώχνω   I push
φεύγω   I leave

Exercise 34

Answer in Greek the questions below based on the reading passage. If you have any difficulty in understanding them, you will find their English version in the Appendix.

1   Ποιος είναι βιαστικός;
2   Ποιος διαβάζει εφημερίδα;
3   Τι λέει ο κύριος;
4   Πού είναι ο κύριος και η κυρία; Είναι στο λεωφορείο;

Useful vocabulary – shop signs

τα μαγαζιά   the shops
το κατάστημα   the shop
ΑΡΤΟΠΩΛΕΙΟ(Ν) (το αρτοπωλείο)   bakery (selling bread)
ΑΡΤΟΠΟΙΕΙΟ(Ν) (το αρτοποιείο)   bakery (making bread)
ΠΡΑΤΗΡΙΟ ΒΕΝΖΙΝΗΣ (το πρατήριο βενζίνης)   petrol station
ΕΙΔΗ ΚΑΠΝΙΣΤΟΥ (τα είδη καπνιστού)   tobacconist

ΚΑΠΝΟΠΩΛΕΙΟ(Ν) (το καπνοπωλείο)   tobacconist
ΚΟΜΜΩΤΗΡΙΟ(Ν) (το κομμωτήριο)   hairdresser's
ΚΡΕΟΠΩΛΕΙΟ(Ν) (το κρεοπωλείο)   butcher's
ΥΠΟΔΗΜΑΤΟΠΟΙΕΙΟ(Ν) (το υποδηματοποιείο)   shoe shop
ΠΕΡΙΠΤΕΡΟ (το περίπτερο)   kiosk
ΠΑΝΤΟΠΩΛΕΙΟ(Ν) (το παντοπωλείο)   grocer's
ΠΟΛΥΚΑΤΑΣΤΗΜΑ (το πολυκατάστημα)   department store
ΣΟΥΠΕΡΑΓΟΡΑ (η σουπεραγορά)   supermarket
ΥΠΕΡΑΓΟΡΑ (η υπεραγορά)   hypermarket
ΤΑΧΥΔΡΟΜΕΙΟ(Ν) (το ταχυδρομείο)   post office
ΦΑΡΜΑΚΕΙΟ(Ν) (το φαρμακείο)   chemist's
ΧΑΡΤΟΠΩΛΕΙΟ(Ν) (το χαρτοπωλείο)   stationer's
ΒΙΒΛΙΟΠΩΛΕΙΟ(Ν) (το βιβλιοπωλείο)   bookshop

The final N at the end of many of the signs is a remnant from katharevousa and we put it in brackets as new signs will more often than not omit the letter. It is generally not pronounced in speech, hence we don't show it at the end of the name when printed in small letters.

Lesson 6

28 Past tense

This is used to describe an action which occurred and was completed in the past, e.g. **έγραψα το γράμμα** (I wrote the letter), **έσπρωξε την κυρία** (he/she pushed the lady).

28.1 Verbs like γράφω

Present	Imperfect	Past
γράφ-ω	έ-γραφ-α	έ-γραψ-α
γράφ-εις	έ-γραφ-ες	έ-γραψ-ες
γράφ-ει	έ-γραφ-ε	έ-γραψ-ε
γράφ-ουμε	(ε)-γράφ-αμε	(ε)-γράψ-αμε
γράφ-ετε	(ε)-γράφ-ατε	(ε)-γράψ-ατε
γράφ-ουν	έ-γραφ-αν	έ-γραψ-αν

The past has similarities with the imperfect in that the endings are similar, the accent has moved and a prefix has been added. The only difference here is in the change from the letter φ to ψ – **γράφω, έγραφα, έγραψα**. Corresponding changes take a different form in other verbs.

Present	Imperfect	Past
σπρώχνω (I push)	έσπρωχνα	έσπρωξα
φεύγω (I leave)	έφευγα	έφυγα
κόβω (I cut)	έκοβα	έκοψα
αγοράζω (I buy)	αγόραζα	αγόρασα
διαβάζω (I read)	διάβαζα	διάβασα
καπνίζω (I smoke)	κάπνιζα	κάπνισα
αρχίζω (I begin)	άρχιζα	άρχισα
αλλάζω (I change)	άλλαζα	άλλαξα
κοιτάζω (I look at)	κοίταζα	κοίταξα
θυμώνω (I get angry)	θύμωνα	θύμωσα

28.2 The irregular verb πηγαίνω (I go)

Present	Imperfect	Past
πηγαίνω	πήγαινα	πήγα
πηγαίνεις	πήγαινες	πήγες
πηγαίνει	πήγαινε	πήγε
πηγαίνουμε	πηγαίναμε	πήγαμε
πηγαίνετε	πηγαίνατε	πήγατε
πηγαίνουν	πήγαιναν	πήγαν

Examples:

Χτες αγόρασα ένα παλτό   Yesterday I bought a coat.
Θύμωσαν με τη Μαρία.   They were angry with Maria.
Έφυγε γρήγορα.   He/She/It left quickly.
Κοίταξες τη φίλη σου.   You looked at your friend.
Αλλάξαμε τις κάλτσες μας.   We changed our socks.

Exercise 35

Give in full the past tense of φεύγω and **κοιτάζω**. You will find the first person of both of these in the short list on the previous page.

28.3 Verbs like αγαπώ

A more uniform change takes place within these verbs.

Present	Imperfect	Past
αγαπ-ώ	αγαπ-ούσα	αγάπ-ησα
αγαπ-άς	αγαπ-ούσες	αγάπ-ησες
αγαπ-ά	αγαπ-ούσε	αγάπ-ησε
αγαπ-ούμε	αγαπ-ούσαμε	αγαπ-ήσαμε
αγαπ-άτε	αγαπ-ούσατε	αγαπ-ήσατε
αγαπ-ούν	αγαπ-ούσαν	αγάπ-ησαν

The following verbs form their past tense like **αγαπώ**.

Present	Imperfect	Past
προχωρώ (I proceed)	προχωρούσα	προχώρησα
προτιμώ (I prefer)	προτιμούσα	προτίμησα
ζητώ (I ask for)	ζητούσα	ζήτησα
πουλώ (I sell)	πουλούσα	πούλησα

The following short passage is an account of the brief visit to the kiosk in search of an English newspaper (Lesson 5). Read it carefully, paying particular attention to the use of the past tense.

Σήμερα το πρωί πήγα στο περίπτερο για μια αγγλική εφημερίδα. Ζήτησα μια σημερινή εφημερίδα αλλά δεν είχε. Έτσι αγόρασα τη χτεσινή εφημερίδα Times.

A narrative account of the amusing encounter in the bus queue (Lesson 5) offers the opportunity to use both the imperfect and past tenses.

Ένας κύριος διάβαζε μια εφημερίδα καθώς περίμενε το λεωφορείο. Μια βιαστική κυρία τον έσπρωξε. Ο κύριος θύμωσε και άρχισαν τη συζήτηση. Εν τω μεταξύ το λεωφορείο έφυγε χωρίς τον καλοντυμένο κύριο και τη βιαστική κυρία.

VOCABULARY

καθώς   while
εν τω μεταξύ   meanwhile
η συζήτηση   argument, discussion

Exercise 36

First underline all the verbs used in the imperfect tense in the above two examples. Then translate into English the sentences within which they occur. Now underline the verbs in the past tense. How are they used compared to the verbs in the imperfect?

Exercise 37

The verbs below are given in the present, imperfect and past tenses. Delete the inappropriate forms, remembering that: (a) the present tense is used to describe both a habitual action in the present and one taking place now; (b) the imperfect describes an action which continued or occurred repeatedly in the past; (c) the past tense is used to describe an action which occurred and was completed in the past.

1   Χθες πηγαίνω/πήγαινα/πήγα στο περίπτερο και αγόρασα πολλές εφημερίδες. Είναι/Ήταν ακριβές.
2   Αγοράζω/Αγόραζα/Αγόρασα γραμματόσημα για την Αγγλία από το ταχυδρομείο. Το ξενοδοχείο δεν έχει/είχε.
3   Στην Ελλάδα τα κέντρα διασκεδάσεως, οι ταβέρνες και τα εστιατόρια είναι/ήταν ανοιχτά μέχρι το πρωί.

52

4   Στο βιβλιοπωλείο ζητώ/ζητούσα/ζήτησα ένα λεξικό και ένα χάρτη. Δεν
    είχαν λεξικό αλλά αγοράζω/αγόραζα/αγόρασα ένα χάρτη.
5   – Πού πηγαίνεις/πήγαινες/πήγες κάθε μέρα με το λεωφορείο;
    – Πηγαίνω στα μαγαζιά.
6   – Παρακαλώ, τι θέλετε;
    – Θέλω/Ήθελα ένα πακέτο τσιγάρα.

29 Numbers 0–100

When you are counting, the numbers (**οι αριθμοί**) are:

0	μηδέν	16	δεκαέξι
1	ένα	17	δεκαεπτά (δεκαεφτά)
2	δύο (δυο)	18	δεκαοκτώ (δεκαοχτώ)
3	τρία	19	δεκαεννέα (δεκαεννιά)
4	τέσσερα	20	είκοσι
5	πέντε	21	είκοσι ένα
6	έξι	22	είκοσι δύο
7	επτά (εφτά)	30	τριάντα
8	οκτώ (οχτώ)	40	σαράντα
9	εννέα (εννιά)	50	πενήντα
10	δέκα	60	εξήντα
11	έντεκα	70	εβδομήντα
12	δώδεκα	80	ογδόντα
13	δεκατρία	90	ενενήντα
14	δεκατέσσερα	100	εκατό
15	δεκαπέντε		

The numbers in brackets are alternative forms which may be encountered. When it has an accent **δύο** is read as two syllables, i.e. **δύ-ο**. Otherwise it is pronounced as a single syllable.

Three of these numbers have different masculine, feminine and neuter forms. These are:

ένας, μια/μία*, ένα
τρεις, τρεις, τρία
τέσσερις, τέσσερις, τέσσερα

* If this has an accent it is read as two syllables, i.e. **μί-α**. Otherwise it is pronounced as one syllable, i.e. **μια**. Both are in current use.

All other numbers remain unaltered irrespective of the gender of the noun they refer to. Examples:

πέντε άντρες και πέντε γυναίκες   five men and five women
έξι παιδιά   six children
δέκα παγωτά   ten ice creams

Μια καλοντυμένη κυρία αγόρασε ένα ακριβό φόρεμα.
A smart lady bought an expensive dress.

Οι τρεις άντρες κοίταζαν τα τρία παιδιά.
The three men were looking at the three children.

Αγόρασα τέσσερις μπίρες και τέσσερα μπουκάλια κρασί.
I bought four beers and four bottles of wine.

Exercise 38

Match the numbers in words with the correct numbers in figures.

1	είκοσι
20	δεκατρία
6	οκτώ
13	ένα
15	δεκαπέντε
47	έξι
10	σαράντα επτά
8	εβδομήντα τέσσερα
74	δέκα
90	τριάντα τρία
55	ενενήντα
33	πενήντα πέντε

30 Measures, distance, currency

Groceries in Greece and Cyprus are sold by the kilo, **το κιλό,** although in Cyprus the old measure of the oke, **η οκά,** may still be in use in the countryside. Petrol is sold by the litre, **το λίτρο,** in both countries.

Distances are measured in kilometres, **το χιλιόμετρο,** although in Cyprus you may still hear the mile, **το μίλι,** mentioned. The change to kilometres is relatively recent and old habits die hard.

The currency in Greece is the drachma, **η δραχμή.** Remember that **η δραχμή** is feminine, so you need to use the feminine forms of those numbers which have it, i.e., **μια δραχμή, τρεις δραχμές** etc. In Cyprus the currency is the pound, **η λίρα,** which is now divided into 100 cents, **το σεντ.** Other currencies you may hear mentioned are **η αγγλική λίρα** or **η στερλίνα,** both meaning the pound sterling (abbreviated **£S**), and **το δολάριο,** the dollar.

31 Shopping

When you are in a shop you may be approached by the shop assistant with any of the following phrases.

– Ναι; – Παρακαλώ; – Τι θέλετε; – Μάλιστα;

The last is a formal way of saying 'yes'. It is also used as the equivalent of 'Yes, certainly' in reply to a question.

The shop assistant is **ο υπάλληλος/η υπάλληλος**. Note that despite the obvious difference of sex (the former refers to a man and the latter to a woman) the ending of the noun is the same.

Note: This also applies to a number of nouns describing a profession which was traditionally a male domain. So we now speak of

ο, η γιατρός	doctor (male and female)
ο, η οδοντογιατρός	dentist (male and female)
ο, η δικηγόρος	lawyer (male and female)

Although some of these professions have a feminine version, this is not often used by the well educated. There is, for example, the term **η γιατρίνα** for a female doctor and **η δικηγορίνα** for a female lawyer, but neither is used in educated circles and certainly not in writing.

Compare these with the perfectly acceptable terms **ο δάσκαλος, η δασκάλα** for a male and female teacher and **ο νοσοκόμος, η νοσοκόμα** for a male and female nurse respectively, professions in which women have traditionally been employed.

After you have ordered the first article on your shopping list you may be asked if you want anything else.

– Θέλετε τίποτ' άλλο; or, more succinctly – Τίποτ' άλλο;

When you have finished ordering there are a number of phrases you may use to ask 'how much?' **Πόσο κάνει;** is simply 'How much is it?', or if you have bought a number of items you will ask **Πόσο κάνουν; '**How much are they?'

In the vocabulary lists at the end of Lessons 5 and 6 you will find a number of words describing items you may be likely to want to buy, kinds of shops to visit, signs in the department stores to look for etc. Not all of them are used in the dialogues which follow but they may be worth learning anyway because they will prove useful if you visit a Greek-speaking country.

READING PRACTICE

Σε πρατήριο βενζίνης   At a petrol station

Τα πρατήρια βενζίνης έχουν συνήθως έναν ή δυο υπαλλήλους που εξυπηρετούν τους οδηγούς. Λίγα πρατήρια έχουν αυτοεξυπηρέτηση. Ζητάτε από τον υπάλληλο τη βενζίνη και πληρώνετε χωρίς να αφήσετε το αυτοκίνητό σας. Τα πρατήρια βενζίνης πωλούν βενζίνη σούπερ, απλή και πετρέλαιο.

Υπάλληλος	– Ναι, παρακαλώ;
Πελάτισσα	– Βενζίνη παρακαλώ.
Υπ.	– Σούπερ ή απλή;
Πελ.	– Σούπερ.
Υπ.	– Πόση θέλετε;
Πελ.	– Είκοσι λίτρα.
Υπ.	– Μάλιστα.

Note: You can ask for petrol either in terms of the quantity you want or in terms of the money you wish to spend.

VOCABULARY

λίγος, η, ο   some, a few, little
η αυτοεξυπηρέτηση   self-service (see also end-of-lesson list)
το αυτοκίνητο   car
σούπερ   super (equivalent to 4 star)
απλός, ή, ό   simple, plain (of petrol, equivalent to 2-star)
η βενζίνη   petrol
το πετρέλαιο   diesel (fuel)
ο πελάτης, η πελάτισσα   customer (male, female)
χρησιμοποιώ   I use

Exercise 39

Answer the following questions in Greek. You may consult the reading passage first.

1 Τι πωλούν τα πρατήρια βενζίνης;
2 Έχουν υπαλλήλους τα πρατήρια βενζίνης;
3 Από πού αγοράζετε βενζίνη ή πετρέλαιο;
4 Τι βενζίνη χρησιμοποιείτε εσείς; Σούπερ ή απλή;

Exercise 40

The following dialogue between yourself and a petrol station attendant is not complete. Fill in the missing parts, not forgetting your change: τα ρέστα σας.
Note the new words τετρακόσες (400) and Καλό ταξίδι (Bon voyage), frequently used in Greek even if the destination is only a few miles away.

Εσείς	– ... κάνει;
Υπ.	– Τετρακόσες δραχμές.
Εσείς	– Ορίστε.
Υπ.	– Τα ... σας.
Εσείς	– Ευχαριστώ, γεια σας.
Υπ.	– Γεια σας. Καλό ταξίδι.

Useful vocabulary – more signs

ΑΝΟΙΚΤΟΣ (ανοικτός)   open
ΑΝΕΛΚΥΣΤΗΡΑΣ (ανελκυστήρας)   lift
ΑΥΤΟΨΩΝΙΖΕΤΕ (αυτοψωνίζετε)   self-service
ΔΕΝ ΑΛΛΑΖΟΝΤΑΙ (δεν αλλάζονται)   cannot be changed
ΔΙΑΝΥΚΤΕΡΕΥΕΙ (διανυκτερεύει)   open all night
ΕΚΤΟΣ ΛΕΙΤΟΥΡΓΙΑΣ (εκτός λειτουργίας)   out of order
ΕΠΙΣΤΡΟΦΕΣ (επιστροφές)   returned goods
ΚΛΕΙΣΤΟΣ (κλειστός)   closed
ΚΥΛΙΟΜΕΝΕΣ ΣΚΑΛΕΣ (κυλιόμενες σκάλες)   escalator
ΠΑΡΑΛΑΒΗ (παραλαβή)   collection point for shopping
ΤΑΜΕΙΟ (ταμείο)   cashier
ΕΛΛΗΝΙΚΑ ΤΑΧΥΔΡΟΜΕΙΑ (ελληνικά ταχυδρομεία)   Greek Post
   Offices
ΤΗΛΕΦΩΝΑ (τηλέφωνα)   telephones
ΣΤΑΣΗ ΛΕΩΦΟΡΕΙΟΥ (στάση λεωφορείου)   bus stop
ΤΗΛΕΓΡΑΦΕΙΟΝ (τηλεγραφείον)   telegraph office

Note: The signs are also given in brackets in lower case characters so that the accented syllables can be identified and the words pronounced correctly.

Lesson 7

32 Genitive of nouns (singular)

We have already encountered the genitive in the reading passage in Lesson 6: **το πρατήριο** βενζίνης, **οι μέρες** της εβδομάδας.

The genitive is generally used to express possession or 'belonging to', e.g.

το αυτοκίνητο του Γιώργου   George's car
τα μαλλιά της κυρίας   the lady's hair

32.1 Genitive singular of feminine nouns

We simply add a final -ς to the noun like this:

η γυναίκα   της γυναίκας
η δραχμή   της δραχμής

Η εφημερίδα της Ελένης   Helen's newspaper

Το γράμμα της μητέρας είναι στο ταχυδρομείο.
Mother's letter is at the post office.

32.2 Genitive singular of neuter nouns

This ends in **-ου**. So if the noun ends in **-ο**, as **το δέντρο**, we simply add **-υ** to form the genitive in the singular:

το δέντρο   του δέντρου

If, however, the noun ends in **-ι**, as **το παιδί**, we then add **-ου**:

το παιδί   του παιδιού

Είναι κόσμος στη στάση του λεωφορείου.
There are many people at the bus stop.

Οι υπάλληλοι του ταχυδρομείου είναι εξυπηρετικοί.
The post office employees are helpful.

32.3 Genitive singular of masculine nouns

The way the genitive is formed varies according to the ending of the noun:

ο άνθρωπος	του ανθρώπου
ο άντρας	του άντρα
ο μαθητής	του μαθητή

The ending -ος changes to -ου, but -ας and -ης lose the final -ς to form the genitive singular.

Το όνομα του κυρίου είναι Γιώργος.   The gentleman's name is George.
Οι μήνες του χειμώνα είναι τρεις.   The winter months are three.
Η τιμή του χάρτη ήταν χαμηλή.   The price of the map was low.

Exercise 41

Fill in the empty spaces in the sentences below using the genitive singular of the nouns in the list. You may have to use the nouns with or without the appropriate article. In no. 6 **για** means 'for'.

το αυτοκίνητο, η σοκολάτα (the chocolate), η διασκέδαση, η δραχμή, η Μαρία, το παιδί, η νοσοκόμα, το λεωφορείο

1   Το φόρεμα ... είναι κόκκινο.
2   Η πόρτα ... είναι ανοιχτή, το παράθυρο είναι κλειστό.
3   Το όνομα ... είναι Ελένη.
4   Ο οδηγός ... δεν ήταν βιαστικός.
5   Η τιμή ... ήταν χαμηλή χτες.
6   Ο πατέρας ... αγόρασε ένα παγωτό ... για το παιδί.
7   Τα κέντρα ... είναι ανοιχτά μέχρι το πρωί.

33 Genitive of nouns (plural)

This case is both simple and complicated. It is simple because all nouns in the genitive plural end in **-ων**.

οι γυναίκες	των γυναικών
τα δέντρα	των δέντρων
τα παιδιά	των παιδιών
οι άνθρωποι	των ανθρώπων
οι άντρες	των αντρών
οι μαθητές	των μαθητών

It can be complicated because in Greek many nouns do not have a genitive plural at all, e.g. η ζέστη (the heat), η ζάχαρη (the sugar), η πόρτα (the door). The only way of learning which of these are not in use is the laborious one of learning through using the language; there is no rule that can be followed.

In some cases the accent moves nearer the end of the word in the genitive, especially if in the nominative the accent lies on the third syllable from the end, e.g.:

οι άνθρωποι	των ανθρώπων

But there are also examples such as:

οι γυναίκες	των γυναικών
οι άντρες	των αντρών

The rules governing this accent shift are rather complicated and beyond the scope of this book.

Exercise 42

Give the genitive plural and the meaning of the following. If you do not remember the meaning of any of these, go back to Lesson 6.

1	το λεωφορείο	8	ο δικηγόρος
2	ο γιατρός	9	η δασκάλα
3	το τηλέφωνο	10	η νοσοκόμα
4	το κρασί	11	το λίτρο
5	ο πελάτης	12	το πρατήριο
6	η πελάτισσα	13	το αυτοκίνητο
7	η δραχμή		

34 Examples of nouns in all cases

Here are examples of nouns in all four cases in both singular and plural.

Feminine

Singular	Plural
η γυναίκα	οι γυναίκες
της γυναίκας	των γυναικών
τη γυναίκα	τις γυναίκες
γυναίκα	γυναίκες
η ζέστη	οι ζέστες
της ζέστης	–
τη ζέστη	τις ζέστες
ζέστη	ζέστες

Neuter

Singular	Plural
το δέντρο	τα δέντρα
του δέντρου	των δέντρων
το δέντρο	τα δέντρα
δέντρο	δέντρα
το παιδί	τα παιδιά
του παιδιού	των παιδιών
το παιδί	τα παιδιά
παιδί	παιδιά

Masculine

Singular	Plural
ο άνθρωπος	οι άνθρωποι
του ανθρώπου	των ανθρώπων
τον άνθρωπο	τους ανθρώπους
άνθρωπε	άνθρωποι
ο άντρας	οι άντρες
του άντρα	των αντρών
τον άντρα	τους άντρες
άντρα	άντρες
ο μαθητής	οι μαθητές
του μαθητή	των μαθητών
το μαθητή	τους μαθητές
μαθητή	μαθητές

Exercise 43

Complete the sentences with the genitive – singular or plural as appropriate – of the nouns in brackets. Remember that in the majority of cases the definite article precedes the noun in the genitive (e.g. **η μύτη της Άννας, τα χέρια των παιδιών**). A new word in the exercise is **δυνατός, ή, ό** (strong, loud).

1 Η εφημερίδα (ο κύριος) είναι το «Βήμα».
2 Οι υπάλληλοι (το εστιατόριο) είναι ευχάριστοι.
3 Το προσωπικό (το ξενοδοχείο) στην Ελλάδα είναι εξυπηρετικό.
4 Το αυτοκίνητο (η Άννα) είναι μεγάλο.
5 Οι φωνές (το παιδί) είναι δυνατές.
6 Το σπίτι μας δεν έχει σύστημα (κλιματισμός).
7 Το όνομα (η κυρία) είναι Ελένη.
8 Ο Ιανουάριος είναι ο πρώτος μήνας (ο χρόνος).

35 Future continuous

The future continuous is used to describe an action which (a) will take place in the future and (b) will be repeated, e.g. **θα πηγαίνω στον κινηματογράφο συχνά** (I will be going to the cinema often), **θα σε βλέπω κάθε μέρα** (I will see you every day). It is formed by using **θα** (will, shall) and the present tense form of the verb.

Present		Future continuous	
είμαι	είμαστε	θα είμαι	θα είμαστε
είσαι	είστε	θα είσαι	θα είστε
είναι	είναι	θα είναι	θα είναι
έχω	έχουμε	θα έχω	θα έχουμε
έχεις	έχετε	θα έχεις	θα έχετε
έχει	έχουν	θα έχει	θα έχουν
αγαπώ	αγαπούμε	θα αγαπώ	θα αγαπούμε
αγαπάς	αγαπάτε	θα αγαπάς	θα αγαπάτε
αγαπά	αγαπούν	θα αγαπά	θα αγαπούν

READING PRACTICE

The following passage illustrates the use of the future continuous.

Το καλοκαίρι θα τρώω πολύ παγωτό γιατί το αγαπώ. Θα αγοράζω ένα παγωτό σοκολάτα κάθε απόγευμα, θα πηγαίνω στον κήπο και θα το τρώω καθώς θα κοιτάζω τα πουλιά, τις πάπιες στο νερό και τον κόσμο να πηγαινοέρχεται. Μετά θα επιστρέφω στο σπίτι αργά-αργά και θα χαζεύω τα μαγαζιά.

VOCABULARY

τρώω   I eat
η σοκολάτα   chocolate
το απόγευμα   afternoon
το πουλί   bird
η πάπια   duck
το νερό   water
πηγαινοέρχομαι   I walk up and down (composite from two verbs, **πηγαίνω** (to go) and **έρχομαι** (to come))
μετά   then, after
επιστρέφω   I return
το σπίτι   house
αργά   late, slowly
χαζεύω τα μαγαζιά   I look at the shops

Exercise 44

Having read the above passage, answer the following questions in Greek. The English translation of the questions is in the Appendix, but you should avoid referring to it until you have answered them.

1 Τι θα τρώει το καλοκαίρι;
2 Πού θα πηγαίνει κάθε απόγευμα;
3 Τι θα χαζεύει;

Exercise 45

Cross out the incorrect alternatives in the following statements, as these are used in the last reading passage.

1 Θα κοιτάζει τα ξενοδοχεία/τα λεωφορεία/τα πουλιά.
2 Είναι παγωτό μπίρα/σοκολάτα/πορτοκάλι.
3 Θα πηγαίνει στον κήπο κάθε απόγευμα/κάθε Κυριακή/κάθε μέρα.
4 Πηγαινοέρχεται ο κόσμος/οι υπάλληλοι/οι γιατροί στον κήπο.

36 Possession

The pronouns used to express possession are:

Singular		Plural	
1st person	μου	1st person	μας
2nd person	σου	2nd person	σας
3rd person	του/της/του	3rd person	τους

While in English the possessive pronoun precedes the relevant noun, in Greek it follows it:

το βιβλίο μου	my book
τα παπούτσια μας	our shoes
το σπίτι σου	
τα ρούχα μας	our clothes
το αυτοκίνητό τους*	
τα διαβατήριά τους*	
το φόρεμά της*	

* The nouns in these phrases have two accents and both syllables are read with emphasis. This is because the noun is accented on the third syllable from the end and the accent of the possessive pronoun moves to the last syllable. Do not worry about it at this stage; it is sufficient to be aware of it.

READING PRACTICE

The following passage takes place at a police station, where a young lady has gone to report some stolen property.

Στο τμήμα   At the police station

Αστυφύλακας	– Ναι, δεσποινίς;
Δεσποινίς	– Έχασα τη τσάντα μου κύριε αστυφύλακα.
Αστυφ.	– Τη τσάντα σας δεσποινίς;
Δεσπ.	– Ναι, τη τσάντα μου κύριε αστυφύλακα. Είχε μέσα όλα τα χρήματά μου, τις πιστωτικές κάρτες, το διαβατήριό μου ...
Αστυφ.	– Πόσα χρήματα είχατε στην τσάντα σας δεσποινίς, σε μετρητά;
Δεσπ.	– Περίπου 8 χιλιάδες δραχμές.
Αστυφ.	– Και το διαβατήριό σας δεσποινίς; Ήταν βρετανικό;
Δεσπ.	– Ναι, ήταν βρετανικό.
Αστυφ.	– *Μήπως θυμάστε τον αριθμό του;
Δεσπ.	– Δυστυχώς όχι. Ο αριθμός του ήταν στο σημειωματάριό μου και το σημειωματάριό μου ήταν στην τσάντα μου μαζί με το διαβατήριό μου.
Αστυφ.	– Πού και πώς χάσατε τη τσάντα σας δεσποινίς;
Δεσπ.	– *Βλέπετε κύριε αστυφύλακα, ήμουν σ' ένα παγκάκι στον κήπο κι έτρωγα ένα παγωτό. Η τσάντα μου ήταν δίπλα μου. Όταν τέλειωσα το παγωτό μου, έφυγα και ξέχασα την τσάντα μου. Όταν, μετά από λίγα λεπτά πήγα πίσω στο παγκάκι, η τσάντα μου δεν ήταν εκεί.
Αστυφ.	– Δεσποινίς θα σημειώσω το όνομά σας, τη διεύθυνσή σας και ελπίζω να βρούμε την τσάντα σας.
Δεσπ.	– *Λέτε, κύριε αστυφύλακα;
Αστυφ.	– Λέω δεσποινίς, λέω!

VOCABULARY

χάνω   I lose
ελπίζω   I hope
λέω   I say
η τσάντα   handbag
ο αστυφύλακας   policeman
μέσα   in, in it
τα χρήματα   money
η πιστωτική κάρτα   credit card
μετρητά   cash (money)
περίπου   approximately

χιλιάδες   thousands
βρετανικός, ή, ό   British
θυμούμαι   I remember
το σημειωματάριο   note book
σημειώνω   I note down
το παγκάκι   bench
δίπλα   next to
φεύγω   I leave
ξεχνώ   I forget

IDIOMATIC EXPRESSIONS

Three phrases in the above text are marked with an asterisk. This is because they are used in an idiomatic way worth noting.

The young lady addresses the policeman as «κύριε αστυφύλακα». This is perfectly acceptable, albeit a rather familiar way of addressing a person whose name is not known. «Κύριε αστυφύλακα» is roughly the equivalent of 'officer' in English. The use of this phrase by the young lady characterises her as unsophisticated and not well educated; it also adds to the humorous tone of the dialogue.

Despite this degree of familiarity, the polite plural is used throughout. «Μήπως θυμάστε...;» is a more polite way of asking «θυμάστε;». «Μήπως θέλετε...;» is a more polite way of saying «Θέλετε;», 'would you like?' In «Βλέπετε, κύριε αστυφύλακα...» (You see, officer...) note the use of the polite plural.

«Λέτε κύριε αστυφύλακα...» strictly speaking means 'Do you say so?', but it is closer to the English 'Do you think so?'

Exercise 46

Provide the missing lines in the following exchange, which takes place when you notice that an older man has forgotten a book he was holding. In order to attract his attention use either συγγνώμη or the more respectful με συγχωρείτε (excuse me). The Greek word for 'book' is το βιβλίο.

Εσείς   –
Ο κύριος   – ...   *(He has not heard you.)*
Εσείς   – Με συγχωρείτε κ----
Κυρ.   – Ναι;
Εσ.   – Το ----- ---
Κυρ.   – Το βιβλίο μου;
Εσ.   – Ναι, το βιβλίο σας είναι, δεν είναι;
Κυρ.   – Α, ναι ευχαριστώ.

Exercise 47

Now tell somebody else of the incident. Something on the lines that: a man forgot his book; I called him but he did not hear me at first. Then he took the book and thanked me. Words you may need to use:

Present tense	Past tense
ξεχνώ (I forget)	ξέχασα
φωνάζω (I call, shout)	φώναξα
ακούω (I hear)	άκουσα
πρώτα (at first)	
παίρνω (I take)	πήρα
ευχαριστώ (I thank)	ευχαρίστησα
αλλά (but)	
μετά (then)	

Exercise 48

Bearing in mind the last reading passage, complete the sentences and answer the question below.

1   Ο αριθμός ------------ ήταν στο σημειωματάριο.
2   Το σημειωματάριο ήταν στη ------------.
3   Η δεσποινίς έτρωγε ένα ----------------.
4   Η τσάντα -------------- είχε μέσα όλα τα χρήματά ------.
5   The young lady called the policeman «**κύριε αστυφύλακα**». Give your version of the title of the popular TV series 'Yes, Prime Minister' in Greek. **Πρωθυπουργός** is the Greek word for Prime Minister. Then turn to the Key to exercises to find the Greek version.

Exercise 49

Give the imperfect and future continuous of the following verbs, like this example: **αγαπώ – αγαπούσα – θα αγαπώ**.

1   ξεχνώ
2   φωνάζω
3   ακούω
4   παίρνω

5   βλέπω
6   σημειώνω
7   χάνω

37 Addressing people

There is a definite established order in addressing people on a personal level, depending on the relative ages of the people involved, their professional status and on how long they have known each other.

The first step is that of using κύριε, κυρία, δεσποινίς with the surname. Once the relationship has been established, κύριε, κυρία, δεσποινίς will be used with the first or christian name: κύριε Γιώργο, δεσποινίς Νίκη. At this stage the polite plural is still appropriate and, unless the people involved are going to become friends, it will remain so.

When people get to know each other really well, they begin to use the first name and the second person singular.

– Πώς είστε κύριε Παπαδόπουλε;	will become, upon further acquaintance
– Πώς είστε κύριε Γιώργο;	and eventually
– Πώς είσαι κύριε Γιώργο;	

38 Greek names

Most Greek people have three names. However, these are not two first names and a surname as is often the case in England. Instead, Greek names consist of: (a) the christian name; (b) the father's name, or the husband's name in the case of a married woman; (c) the family surname.

The name κα Άννα Γεωργίου Παπαδοπούλου means that the lady is married (κα), her husband's christian name is Γιώργος and her husband's family name is Παπαδόπουλος. Γιώργος Δημήτρη Κωνσταντινίδης means that the man's christian name is Γιώργος, his father's name is Δημήτρης and the family surname is Κωνσταντινίδης.

Greek names have a shortened form with an initial where the second name should be, e.g. Άννα Γ Παπαδοπούλου. On official documents, school records etc. the name may appear in reverse order, i.e. surname first, initial of middle name followed by christian name.

The abbreviation Κος (κύριος) stands for Mr, Κα (κυρία) for Mrs and Δις (δεσποινίς) for Miss.

Lesson 8

39 Future simple

The future simple is used to describe an action which will simply take place in the future, e.g. **θα αγαπήσω** (I will fall in love). It is different from the future continuous because the emphasis is on the fact that the action will take place once – it will not necessarily be repeated and it will not be of any significant duration. Examples:

Θα αγαπώ τη Μαρία (I will love Maria) – future continuous – implies that I will continue to love Maria for a long time in the future. **Θα αγαπήσω τη Μαρία** (I will fall in love with Maria) – future simple – simply refers to the fact that I will fall in love with Maria. I make no commitment that this will endure.

Similarly **θα ακούω τη μητέρα μου** (I will listen to my mother) – future continuous – implies that I will always be doing so. However, **θα ακούσω τη μητέρα μου** (I will listen to my mother) – future simple – means that I will listen to my mother only on a particular matter in the future.

The future simple is formed using **θα**, as in the future continuous, but followed by a different form of the verb. In earlier lessons we divided verbs into (1) those which have an accent on the last syllable and (2) those which have the accent on the penultimate syllable. It will be useful to recall this division here.

1   Verbs which in the present have the accent on the last syllable (e.g. **αγαπώ**) take the ending **-ήσω**: **θα αγαπήσω**.

2   Of the verbs which in the present have the accent on the penultimate syllable,
   – those ending in **-ω**   in the future simple end in **-σω**
                   -νω
                   -ζω
   – those ending in **-πω** in the future simple end in **-ψω**
                   -βω
                   -φω
   – those ending in **-κω** in the future simple end in **-ξω**.
                   -γω
                   -χω
                   -χνω

There are many exceptions to these rules, so they can only be described as general rules. The following are some verbs which form the future continuous according to the above rules. The simple past is also given because it is helpful in establishing the similarities and differences between the tenses.

Present	Future simple	Past
ακού-ω (I hear, listen)	θα ακού-σω	άκου-σα
σημειώ-νω (I make a note)	θα σημειώ-σω	σημείω-σα
συστή-νω (I introduce)	θα συστή-σω	σύστη-σα
θυμώ-νω (I get angry)	θα θυμώ-σω	θύμω-σα
νομί-ζω (I think)	θα νομί-σω	νόμι-σα
δοκιμά-ζω (I try)	θα δοκιμά-σω	δοκίμα-σα
λεί-πω (I am away)	θα λεί-ψω	έλει-ψα
κό-βω (I cut)	θα κό-ψω	έκο-ψα
γρά-φω (I write)	θα γρά-ψω	έγρα-ψα
σπρώ-χνω (I push)	θα σπρώ-ξω	έσπρω-ξα

The following are some verbs which are either irregular or do not follow the rules for verbs in any of the categories outlined above.

Present	Future simple	Past
περνώ (I pass)	θα περάσω	πέρασα
πηγαίνω (I go)	θα πάω	πήγα
ξέρω (I know)	θα ξέρω	ήξερα
καλώ (I invite)	θα καλέσω	κάλεσα
λέω (I say)	θα πω	είπα
γελώ (I laugh)	θα γελάσω	γέλασα
κοιτάζω (I look at)	θα κοιτάξω	κοίταξα

Having read these lists of verbs, you will have become aware of the similarities and differences between the past tense and the future simple. The principal difference is between the endings: -ω in the future simple and -α in the past tense. Those verbs which add a prefix to their past lose it in forming the future simple. Both tenses have the same stem.

40 Points of the compass

o βορράς

η δύση ———————————————|——————————————— η ανατολή

o νότος

The adjectival forms of these are:

βόρειος,α,ο, ή βορινός,ή,ό	north
νότιος,α,ο	south
ανατολικός,ή,ό	east
δυτικός,ή,ό	west

ο Βόρειος Πόλος   the North Pole
ο ανατολικός άνεμος   the east wind

READING PRACTICE

The following is a short, simplified weather forecast which illustrates well the use of the future simple. If you want to find the weather forecast in a Greek newspaper, look for **Ο ΚΑΙΡΟΣ** (the weather).

Λιακάδα με αέρα θα έχει αύριο η Αττική. Οι άνεμοι θα είναι βόρειοι, μέτριοι. Η θερμοκρασία θα σημειώσει μικρή πτώση σε σχέση με χθες. Στην υπόλοιπη Ελλάδα ο καιρός θα είναι αίθριος το πρωί αλλά το απόγευμα θα σημειωθούν βροχές. Οι άνεμοι θα είναι βόρειοι μέτριοι στα δυτικά και στα ανατολικά. Η θερμοκρασία θα είναι μεταξύ των 17 και 33 βαθμών.

VOCABULARY

η λιακάδα   sunshine
ο αέρας   wind
ο άνεμος   wind
η θερμοκρασία   temperature
η πτώση   fall
σε σχέση με   in relation to
χθες   (another form of χτες)   yesterday
υπόλοιπος,η,ο   remaining
αίθριος,α,ο   fair
η βροχή   rain
μεταξύ   between, among
ο βαθμός   degree

Exercise 50

Once you have read the weather forecast in conjunction with the vocabulary, answer *in English* the questions below.

1 What will the weather be like in the Attica area?
2 Is rain expected anywhere?
3 Which season do you think the weather forecast refers to?
4 Give the Greek for the South Pole and west wind.

Exercise 51

Complete the following sentences using the verbs in brackets in the future simple or future continuous as appropriate. It may be helpful to read again the explanation and examples of their respective uses outlined earlier in this lesson.

1 Αύριο (γράφω) ένα γράμμα στη φίλη μου στην Αγγλία.
2 Πάντα (γράφω) το όνομά μου σ' όλα τα βιβλία μου.
3 (Δοκιμάζει) αυτή την μπίρα.
4 Δε (δοκιμάζει) κρασί. Δεν το αγαπά.
5 Έχασε τη τσάντα της. Η μητέρα της (θυμώνει).
6 Θα πάμε στο κομμωτήριο. (Κόβω) τα μαλλιά μας.

41 Personal pronouns

In Lesson 4 we dealt with the personal pronouns used as subjects of a verb and in the nominative case. In this lesson we shall deal with the other cases of these personal pronouns and their use.

1st person:	emphatic form	non-emphatic form
nominative	εγώ	–
genitive	εμένα	μου
accusative	εμένα	με
nom	εμείς	–
gen.	εμάς	μας
acc.	εμάς	μας

2nd person:	emphatic form	non-emphatic form
nom.	εσύ	–
gen.	εσένα	σου
acc.	εσένα	σε
nom.	εσείς	–
gen.	εσάς	σας
acc.	εσάς	σας

3rd person:	emphatic form	non-emphatic form
nom.	αυτός, αυτή, αυτό	–
gen.	αυτού, αυτής, αυτού	του, της, του
acc.	αυτόν, αυτή(ν), αυτό	τον, τη(ν), το
nom.	αυτοί, αυτές, αυτά	–
gen.	αυτών, αυτών, αυτών	τους, τες, τους
acc.	αυτούς, αυτές, αυτά	τους, τους, τα

The emphatic forms are used when the people referred to are to be given special emphasis. For example:

Εμένα μου λες.	You're telling _me_!
Αυτά αγόρασα χτες το πρωί.	I bought _these_ yesterday morning.

Otherwise the non-emphatic forms are used. The accusative case is used with some verbs (as a direct object) and the genitive with others (as an indirect object).

Του έδωσα λίγα τσιγάρα.	I gave him some cigarettes.
Την πήρα στον* κήπο με ένα ταξί.	I took her to the park by taxi.
Τους άκουσα να μιλούν για το φαρμακείο.	I heard them talking about the chemist's.
Μου σύστησε το φίλο του Γιώργο.	He introduced his friend George to me.
Σε κάλεσε στο* σπίτι του.	He invited you to his house.

* = to; see Lesson 11, Section 54.

Exercise 52

The following is a short account of a visit to a taverna. Fill in the appropriate personal pronoun, remembering that the emphatic form is only suitable where attention is to be drawn to a person or object.

Στην Ταβέρνα «Το Ψάρι» At a taverna called 'The Fish'

Στην ταβέρνα πήγαμε εγώ και ο Φίλιππος. Παραγγείλαμε μεζέδες και ψάρι της ώρας. Πρώτα-πρώτα ... έφεραν τους μεζέδες – ψωμί, τζατζίκι, σαλάτα, ελιές, τυρί και πολλά άλλα. ... μού έφεραν και κεφτέδες γιατί μού αρέσουν πολύ. Το γκαρσόνι ... σύστησε κρασί άσπρο. ... Ζητήσαμε μια μικρή μπουκάλα γιατί δεν ... αρέσει πολύ το κρασί. Το γκαρσόνι ... έφερε και μια καράφα κρύο νερό.

VOCABULARY

παραγγέλλω I order
το ψάρι fish
της ώρας freshly cooked (literally: of the hour)
πρώτα-πρώτα first of all
φέρνω to bring
η ελιά olive
το τυρί cheese
πολλά many others
ο κεφτές (οι κεφτέδες) meat ball(s)

μου αρέσει   I like it (literally: it pleases me)
το γκαρσόνι   waiter
η καράφα   jug
το τζατζίκι   yogurt with cucumber, garlic and olive oil

42 More masculine nouns

We shall now discuss those masculine nouns which end in -ες or -ους and
acquire an extra syllable in the plural. In Exercise 52 above the word κεφτέδες
was used. Its singular was given in the vocabulary list as ο κεφτές. It does not
conform with the masculine endings so far discussed; it declines like ο καφές.

ο καφές	οι καφέδες
του καφέ	των καφέδων
τον καφέ	τους καφέδες
καφέ	καφέδες

Note that an extra syllable is added to the plural form. Another set of
masculine nouns with a different ending are those like ο παππούς (the
grandfather).

ο παππούς	οι παππούδες
του παππού	των παππούδων
τον παππού	τους παππούδες
παππού	παππούδες

A number of other masculine nouns ending in -ως and -ας have an extra
syllable in the plural and decline like ο μανάβης (the greengrocer) and ο βοριάς
(the north wind).

ο μανάβης	οι μανάβηδες
του μανάβη	των μανάβηδων
το μανάβη	τους μανάβηδες
μανάβη	μανάβηδες
ο βοριάς	οι βοριάδες
του βοριά	των βοριάδων
το βοριά	τους βοριάδες
βοριά	βοριάδες

Exercise 53

Decline ο κεφτές and ο ψαράς (the fisherman), bearing in mind the patterns
outlined above.

43 Purpose – the infinitive

You must have wondered at the form in which verbs are given in this book, e.g. έχω, μένω, αγαπώ, ζητώ, i.e. in the first person of the present tense (I have, I stay, I love, I ask) instead of the more customary infinitive (to have, to stay, to love, to ask). Unlike English, Greek has no infinitive as such.

43.1 The simple infinitive

The form of the verb with the function of the infinitive is used to express purpose. It can refer to an action which will only occur once, in which case the simple infinitive is used. It is formed by **να** and the same form of the verb as is used to form the future simple.

Future simple	Infinitive (simple)
θα πάω	να πάω
θα σημειώσω	να σημειώσω
θα συστήσω	να συστήσω
θα δοκιμάσω	να δοκιμάσω
θα κόψω	να κόψω
θα γράψω	να γράψω
θα σπρώξω	να σπρώξω
θα ακούσω	να ακούσω

43.2 The continuous infinitive

If, however, the action described is to be repeated, the infinitive is formed with **να** and the form of the verb used in the future continuous.

Future continuous	Infinitive (continuous)
θα πηγαίνω	να πηγαίνω
θα σημειώνω	να σημειώνω
θα συστήνω	να συστήνω
θα δοκιμάζω	να δοκιμάζω
θα κόβω	να κόβω
θα γράφω	να γράφω
θα σπρώχνω	να σπρώχνω
θα ακούω	να ακούω

The difference between the two sentences in each of the following pairs is the repetition, or lack of it, of the action intended.

1 Θέλω να σου γράψω. I want to write to you.
   Θέλω να σου γράφω συχνά. I want to write to you often.

2 Πήγα να σε πάρω.   I went to fetch you.
Θα έρχομαι να σε παίρνω.   I will be fetching you. (i.e. as a matter of habit)
3 Αύριο θέλω να πάω με το αυτοκίνητο.   I want to go by car tomorrow.
Μου αρέσει να πηγαίνω με το λεωφορείο.   I like going by bus.

READING PRACTICE

The following story illustrates well most of the grammar discussed in this lesson. A number of phrases used are idiomatic and a word for word translation would not be helpful if attempted.

Κρασί και βαρέλι

– Έλα μαζί μου να περάσουμε μια αξέχαστη μέρα.
– Πού θα την περάσουμε την αξέχαστη μέρα, Σπύρο;
– Θα πάμε στο σπίτι ενός φίλου μου.
– Και ποιος είναι αυτός ο φίλος, παρακαλώ;
– Είναι ο Κοσμάς. Νομίζω τον ξέρεις. Σου τον έχω συστήσει.
– Και πού είναι το σπίτι του Κοσμά;
– Στην εξοχή. Με κάλεσε για να δοκιμάσω το καινούριο του κρασί. Μαζί με το κρασί θα έχει και κατσικάκι όνειρο.
Τώρα βέβαια το κρασί εμένα μου αρέσει πολύ και το κατσικάκι ακόμα πιο πολύ. Το αποφάσισα.
Κι έρχεται η μέρα. Παίρνω μαζί μου και κάτι γλυκά και πάμε. Σπίτι θαυμάσιο, κήπος όνειρο και κόσμος πολύς. Ο φίλος του Σπύρου μας καλωσόρισε και μας κοίταξε λυπημένος.
– Και το κρασί ωραίο ήταν και το κατσικάκι. Όμως τέλος και τα δυο.
Πηγαίνετε, λέει ο Κοσμάς, να φάτε σε μια ωραία ταβέρνα εδώ κοντά.

VOCABULARY

το βαρέλι   barrel
μαζί μου   with me
αξέχαστος,η,ο   unforgettable
το κατσικάκι   small goat, kid
το όνειρο   dream
τώρα   now
βέβαια   certainly, really, of course
ακόμα πιο πολύ   even more
αποφασίζω   I decide
τα γλυκά   sweets
θαυμάσιος,α,ο   excellent
καλωσορίζω   I welcome
λυπημένος,η,ο   sad

το τέλος   end
εδώ   here
κοντά   near, nearly

Exercise 54

After reading the passage above carefully with the aid of the vocabulary,
answer *in English* the following questions about the events described.

1   Why did the two friends go to the house in the country?
2   What did they find there soon after they arrived?
3   What unorthodox solution was suggested by their host?

44 The irregular verb τρώγω (I eat)

Present: τρώγω	Imperfect: έτρωγα	Past: έφαγα
Future continuous:	Future simple:	Infinitive (simple):
θα τρώγω	θα φάω	να φάω

What will the continuous infinitive be?

Exercise 55

Place the appropriate word in each blank space in the sentences below, not
forgetting to use the correct form of the word.

πηγαίνω, η εξοχή, καλώ, μια, πίνω

1   Ο Σπύρος και ένας φίλος του ... στο σπίτι του Κοσμά.
2   Τους ... ο Κοσμάς να φάνε κατσικάκι και να ... κρασί.
3   Το σπίτι του Κοσμά ήταν στην...
4   Οι δυο φίλοι πήγαν σε ... ταβέρνα να φάνε.

Exercise 56

Some possessive pronouns are missing from the text below. Complete it.

Η φίλη ... κι εγώ πήγαμε στο σπίτι της Κας Αθηνάς. Μας κάλεσε η Κα
Αθηνά να δούμε το σπίτι ... και να δοκιμάσουμε τα γλυκά ... Ήταν και τα
δυο θαυμάσια. Όταν φύγαμε πήραμε μαζί ... και γλυκά της Κας Αθηνάς.

Lesson 9

45 The imperative

The imperative is used to express an order or a wish. It has two different forms: one if the action referred to is likely to occur only once, and another form in the case of an action likely to continue for some time or to be repeated. For example, γράφε (write) – imperative continuous – implies that the process of writing is going to be a long one, while γράψε (write) – imperative simple – implies that the act of writing is likely to occur once; this form is used to stop an action already in progress or which is imminent.

It will be helpful to recall the present and future simple of verbs in looking at how the two imperatives are formed. The imperative has singular and plural. The latter can be used either in reference to many people or as the 'polite plural' we have already discussed in Lesson 4.

45.1 Continuous or repeated action

This is formed as follows:

Present tense	Imperative continuous
γράφ-εις (2nd pers. sing.)	γράφ-ε (sing.)
γράφ-ετε (2nd pers. pl.)	γράφ-ετε (pl.)
σημειών-εις	σημειών-ε
σημειών-ετε	σημειών-ετε
θυμών-εις	θύμων-ε
θυμών-ετε	θυμών-ετε
νομίζ-εις	νόμιζ-ε
νομίζ-ετε	νομίζ-ετε

Verbs which have the accent on the penultimate syllable form the plural imperative in exactly the same way as the second person plural in the present tense. The imperative in the singular ends in -ε.

The accent falls as far towards the beginning of the word as possible. If there are only two syllables the accent is on the penultimate syllable. If there are three or more syllables the accent falls on the third syllable from the end. Remember that no Greek word is accented on a syllable more than three places from the end of the word.

Verbs like **αγαπώ** form the imperative as follows:

Present tense	Imperative continuous
αγαπ-άς	αγάπ-α
αγαπ-άτε	αγαπ-άτε
προτιμ-άς	προτίμ-α
προτιμ-άτε	προτιμ-άτε
προχωρ-είς	προχώρ-α
προχωρ-είτε	προχωρ-είτε

Here again there are no changes in the imperative plural. However, the imperative in the singular ends in **-α**. The stress falls on the penultimate syllable in both.

Examples:

Γράφε.   Write.
Προτιμάτε Ελληνικά προϊόντα.   Prefer Greek goods (always).
Πίνετε φρέσκους χυμούς.   Drink fresh fruit juices (always).

You will remember the prohibitive notices we discussed in Lesson 5. They made use of the imperative form with the negative **μη(ν)**.

Μην κόβετε τα άνθη.
Μην καπνίζετε.
Μη στηρίζεστε στην πόρτα.

45.2 Action in progress or imminent

This imperative form is used for action which will occur once at a specific moment. In order to make it easier to understand the way this imperative is formed, it will be useful to see it in conjunction with the future simple.

Future simple	Imperative simple
θα γράψ-εις	γράψ-ε
θα γράψ-ετε	γράψ-τε
θα σημειώσ-εις	σημείωσ-ε
θα σημειώσ-ετε	σημειώσ-τε
θα θυμώσ-εις	θύμωσ-ε
θα θυμώσ-ετε	θυμώσ-τε
θα νομίσ-εις	νόμισ-ε
θα νομίσ-ετε	νομίσ-τε
θα αγαπήσ-εις	αγάπησ-ε
θα αγαπήσ-ετε	αγαπήσ-τε

θα προτιμήσ-εις	προτίμησ-ε
θα προτιμήσ-ετε	προτιμήσ-τε
θα προχωρήσ-εις	προχώρησ-ε
θα προχωρήσ-ετε	προχωρήσ-τε

The imperative in the singular ends in -ε and in the plural in -τε. The accent in the singular falls as near the beginning of the word as possible and in the plural always on the penultimate syllable.

Examples:

Γράψε το. Write it.
Προχωρήστε, παρακαλώ. Move on, please.
Προτιμήστε το τραίνο. Prefer the train. (i.e. choose to go by train on this particular occasion)

45.3 Irregular imperatives

Many Greek verbs have an irregular imperative form. Some of the most common of these are as follows:

	Continued action	Action occurring once
ακούω	άκου/ακούτε	άκουσε/ακούστε
βάζω	βάζε/βάζετε	βάλε/βάλτε
βλέπω	βλέπε/βλέπετε	δες/δείτε
λέω	λέγε/λέγετε	πες/πέστε
πίνω	πίνε/πίνετε	πιες/πιέστε
τρώγω	τρώγε/τρώγετε	φάε/φάτε

A number of verbs have no imperative or only one form of imperative. In such cases να is used with the appropriate form of the verb (i.e. the infinitive), as in expressing purpose.

έχω	έχε/έχετε	να έχεις/να έχετε
είμαι	να είσαι/να είσαστε or	
	να είστε	

The use of να plus the verb is often considered a more acceptable way of expressing a command, in that it avoids the harshness of the imperative.

Exercise 57

Match the imperative forms of the verbs listed below with the appropriate sentences. Remember that the imperative in the plural may be used in relation to many people or as a 'polite plural'. Consult the vocabulary below.

σταθμεύετε, κοίταξε, δοκίμασε, γράφε, είσαι, πήγαινε, σπρώχνετε

1 ... το ούζο αν θέλεις. Είναι πολύ δυνατό αλλά κρύο.
2 Δεν έχω τηλέφωνο, αλλά ... συχνά.
3 Μη ... παρακαλώ.
4 Να ... προσεχτικός όταν οδηγείς.
5 ... στο παντοπωλείο να αγοράσεις ένα κιλό ντομάτες.
6 ... να βρεις τη Γεωργία.
7 Μη ... στο πεζοδρόμιο.

VOCABULARY

προσεκτικός,ή,ό   careful
το πεζοδρόμιο   pavement
οδηγώ   I drive

46 Comparison of adjectives

Adjectives are words describing nouns. For example, in **η ωραία κυρία** (the beautiful lady) **ωραία** (beautiful) is an adjective. We have been indicating these in the vocabulary by giving the masculine, feminine, neuter forms like this:

προσεκτικός,ή,ό   μεγάλος,η,ο
κρύος,α,ο   σημερινός,ή,ό
βιαστικός,ή,ό   χθεσινός,ή,ό
ανήσυχος,η,ο   ακριβός,ή,ό

Adjectives, like nouns, decline. They follow the same rules as nouns (see Lessons 3 & 7). However, unlike nouns, they maintain the accent on the same syllable as the masculine in the singular. Their endings match the gender and case of the nouns they define and for this reason they have a masculine, feminine and neuter form. They can also be used to express comparison, for example:

Το σπίτι μου είναι μεγαλύτερο από το σπίτι σου.
My house is bigger than your house.

Το φόρεμά μου ήταν το ακριβότερο στο μαγαζί.
My dress was the most expensive in the shop.

Να είσαι προσεκτικότερος στο μέλλον.
Be more careful in future.

Είναι η προσεκτικότερη γυναίκα στο σπίτι.
She is the most careful woman in the house.

Μεγάλο has become μεγαλύτερο, προσεκτικός,ή has changed to
προσεκτικότερος,η and ακριβό has changed to ακριβότερο. If comparing two
things, the ending -ότερος, -ότερη, -ότερο is added to the adjective. The
ending of the adjective μεγαλύτερος is an exception. If we compare one thing
with many, the adjective has the same ending and in addition is preceded by
the definite article, as in the examples above.

There is, however a far simpler way of making a comparison without having to
change the adjective.

46.1 Comparison between two

Simply add the word πιο before and από after the correct form of the adjective
like this:

Το σπίτι μου είναι πιο μεγάλο από το σπίτι σου.
My house is bigger than your house.

Το παγωτό της Ελένης ήταν πιο ωραίο από το παγωτό μου.
Helen's ice cream was nicer than mine.

Ο Παύλος είχε πιο λίγα χρήματα από τον αδερφό του.
Paul had less money than his brother.

46.2 Comparison between one and all

Comparison can be of one object or person in relation to all the rest.
If you are comparing one thing to all the rest like it, use the appropriate article
plus πιο plus the appropriate form of the adjective. For example:

Η Άννα είναι η πιο ωραία γυναίκα στην Αθήνα.
Anna is the most beautiful woman in Athens.

Έχω τα πιο ακριβά παπούτσια στην οικογένειά μας.
I have the most expensive shoes in our family.

Το ξενοδοχείο μας έχει το πιο ευχάριστο προσωπικό.
Our hotel has the most pleasant staff.

Note: Do not confuse πιο as used here with ποιο, the neuter form of ποιος, ποια, ποιο.

47 Colours

κόκκινος,η,ο	red	μαύρος,η,ο	black
πράσινος,η,ο	green	γαλανός,ή,ό	light blue
κίτρινος,η,ο	yellow	γκρίζος,α,ο	grey
άσπρος,η,ο	white		

Exercise 58

Alter the endings of the adjectives so that they agree with the noun they describe, like this: **ωραία παιδιά**.

1	εξοχικός ταβέρνα	7	κρύος ούζο
2	ζεστός καφές	8	κόκκινος αυτοκίνητο
3	ευχάριστος προσωπικό	9	βιαστικός κύριοι
4	γαλανός ουρανός	10	γαλανός θάλασσα
5	λίγος τσιγάρα	11	βόρειος άνεμοι
6	ωραίος μέρα	12	πράσινος κήπος

48 Prepositions

Prepositions are words such as 'in, at, to, for'. The accusative is usually used for the nouns following prepositions. In this section we shall look at **σε, από, με, μαζί με, μαζί, χωρίς**.

σε	at, in, on	denoting position:
		Είστε στο καφενείο; Are you at the coffee shop?
		(It often loses the -ε if it comes before the article, e.g. **στον κήπο, στην Αθήνα, στο δρόμο.**)
	to	denoting movement to:
		Πηγαίνουμε στο θέατρο. We are going to the theatre.
από	from	denoting movement away from:
		Ήλθα (ήρθα) από την Κέρκυρα. I came from Corfu.
με	with, by	Ήμουν με την Αλίκη. I was with Alice.
		Πήγαμε με το λεωφορείο. We went by bus.
μαζί με	with	Ήμουν μαζί με την Αλίκη. I was with Alice.
		Ήμαστε μαζί. We were together.
χωρίς	without	Είμαι χωρίς παπούτσια. I am without shoes.

Exercise 59

Place the correct prepositions in the appropriate spaces.

1 Θα πάμε στην Κρήτη ... αεροπλάνο.
2 Προχώρησα ... την αδερφή μου.
3 Δε θα αγοράσουμε τίποτα ... λεφτά.
4 Άρχισα ... την αρχή.
5 Είδα το Γιώργο να μπαίνει στο πολυκατάστημα ... το Σωτήρη.
6 Θύμωσα ... το παιδί.
7 ... ποιο μαγαζί θα πας;

49 Capital letters

Capital letters usually begin the following categories of words: names; nationalities; months, days and holidays (e.g. Christmas etc.). When a text is written only in capital letters, no accents are used. We have already dealt with a number of signs which appeared in capital letters without accents; in order to make them easier to read, the same words were repeated in brackets in lower case letters, giving the accents.

ΦΑΡΜΑΚΕΙΟ(Ν) (φαρμακείο)	chemist's
ΨΗΣΤΑΡΙΑ (ψησταριά)	grill (selling spit-roasted poultry & meat)
ΑΝΑΨΥΚΤΙΚΑ (αναψυκτικά)	soft drinks, refreshments
ΤΥΡΟΠΙΤΕΣ (τυρόπιτες)	cheese pies

READING PRACTICE

ΤΑ ΚΟΚΤΕΙΛ
Οι πρίγκηπες του καλοκαιριού

Η εφεύρεση του κοκτέιλ έγινε από τους αρχαίους Έλληνες. Σπάνια έπιναν ένα κρασί σκέτο. Το ανακάτευαν με πολλά άλλα προϊόντα όπως μέλι, κανέλα, λεβάντα και άλλα αρώματα. Αυτά ήταν τα πρώτα κοκτέιλ. Μπορεί κανείς να φτιάξει κοκτέιλ με πολλά ποτά και να προσθέσει φρούτα, μπαχαρικά, ζάχαρη, πιπέρι. Η συνταγή είναι για ένα ποτό. Τα υγρά είναι σε εκατοστά του λίτρου.

Συνταγή για Brandy Sour

Υλικά

2–3 παγάκια	2 κουταλάκια ζάχαρη
5 εκ. κονιάκ	1 φέτα πορτοκαλιού
1,5 εκ. χυμό πορτοκαλιού	3 κερασάκια
1,5 εκ. χυμό λεμονιού	σόδα

Θρυμματίστε τον πάγο και βάλτε τον στο σέικερ μαζί με το κονιάκ, τους χυμούς των φρούτων και τη ζάχαρη. Χτυπήστε καλά και βάλτε το σ' ένα μεγάλο ποτήρι. Προσθέστε τα φρούτα και τα κερασάκια και γεμίστε με σόδα. Σερβίρετε με καλαμάκι.

The recipe is fun and a popular drink in hot climates. Once you have mastered the vocabulary, it would be worth reading a number of times, paying particular attention to the use it makes of the imperative and the prepositions we dealt with earlier in the lesson.

VOCABULARY

ο πρίγκηπας   prince
η εφεύρεση   invention
γίνομαι   I become
οι αρχαίοι Έλληνες   the ancient Greeks
σπάνιος,α,ο   rare
σπάνια   rarely
ανακατεύω   I stir
το προϊόν (τα προϊόντα)   product(s)
όπως   like
το μέλι   honey
η κανέλα   cinnamon
η λεβάντα   lavender
το άρωμα (τα αρώματα)   scent, perfume
κανείς = κανένας   one
φτιάχνω   I make
το ποτό   drink
προσθέτω   I add
τα μπαχαρικά   spices
η ζάχαρη   sugar
το πιπέρι   pepper
η συνταγή   recipe, prescription
εκ. (το εκατοστό του λίτρου)   centilitre
το υγρό   liquid
το υλικό   ingredient
το παγάκι   ice cube
το κονιάκ   brandy
το κουταλάκι   teaspoon
η φέτα   slice
το κερασάκι   small cherry
η σόδα   soda
θρυμματίζω   I break
βάζω   I put
αδειάζω   I empty
χτυπώ   I beat
γεμίζω   I fill
σερβίρω   I serve
το καλαμάκι   straw

Exercise 60

Ζητήσατε ένα κοκτέιλ στο μπαρ. Πέστε στον υπάλληλο στο μπαρ να μην προσθέσει σόδα και κερασάκι.

Βάζω (put) is the word you need. Do not forget that it does not form its imperative in accordance with the rules. You will find it listed earlier in this lesson.

– Μη …

Θέλετε ακόμα ένα ποτό, ουίσκυ. Ζητήστε ένα ουίσκυ χωρίς παγάκια και χωρίς σόδα.

– …, παρακαλώ.

Exercise 61

The following is a recommendation for the simplest way of serving ouzo. Some words are missing; choose from the list below and insert in the spaces.

βάζετε, κουταλάκι, παγάκια, πορτοκάλι, νερό, μαζί

Σερβίρετε το ούζο κρύο. … μισό ποτήρι ούζο και λίγο νερό. Προσθέτετε … και το σερβίρετε σε μεγάλο ποτήρι. Σερβίρετε … και μια μικρή καράφα με …

Lesson 10

50 Present perfect

The present perfect is as simple as anything can be in Greek. It is formed using έχω plus the third person singular of the same form of the verb as used for the future simple.

έχω αγαπήσει	έχουμε αγαπήσει
έχεις αγαπήσει	έχετε αγαπήσει
έχει αγαπήσει	έχουν αγαπήσει
έχω γράψει	έχουμε γράψει
έχεις γράψει	έχετε γράψει
έχει γράψει	έχουν γράψει

Its use is very similar to that of the present perfect in English: it is used to describe an action which is completed but which still has reference to the present. Examples:

Έχεις δοκιμάσει το χυμό;   Have you tried the juice?
Δεν έχετε ταχυδρομήσει την επιστολή;   Haven't you posted the letter?
Ο Σωτήρης δεν έχει καπνίσει από την Κυριακή.   Sotiris has not smoked since Sunday.

Exercise 62

Give the present perfect of the following verbs in full: **αγοράζω, αποφασίζω, οδηγώ.**

51 Past perfect

This has similarities of use with its equivalent tense in English. It is once again straightforward to form: we use the same form of the verb as for the present perfect, but preceded by **είχα.**

είχα αγαπήσει	είχαμε αγαπήσει
είχες αγαπήσει	είχατε αγαπήσει
είχε αγαπήσει	είχαν αγαπήσει

είχα γράψει	είχαμε γράψει
είχες γράψει	είχατε γράψει
είχε γράψει	είχαν γράψει

Examples:

Είχαμε ξεχάσει το αυτοκίνητο στο δρόμο.
We had forgotten the car in the street.

Είχε αρχίσει να ανακατεύει το κοκτέιλ στο ποτήρι αλλά σταμάτησε.
Είχε ξεχάσει τα παγάκια.
He had started to shake the cocktail in the glass but he stopped.
He had forgotten the ice cubes.

Exercise 63

Give the past perfect of **φωνάζω** and **χτυπώ** in full.

Exercise 64

Put the verbs in brackets in the correct tense – either present perfect or past perfect. New words are **το τριαντάφυλλο** (rose) and **το κεφάλι** (head).

1 Δεν είναι εδώ ο Γιώργος και ο Παύλος. (φεύγω)
2 Δεν προτίμησα εγώ τα κόκκινα τριαντάφυλλα. (τελειώνω) τα άσπρα.
3 (αγοράζω) ένα ωραίο σπίτι στην Κέρκυρα.
4 Ήθελαν τσιγάρα· δεν (καπνίζω) όλη μέρα.
5 Το παιδί ήταν άρρωστο· (χτυπώ) στο κεφάλι.

52 Relative pronouns

The most commonly used relative pronoun is **ο οποίος, η οποία, το οποίο** (who). They all decline following the equivalent rules for nouns and have a singular and a plural. A short word – **που** – is conveniently and far more frequently used. It does not decline and has no number. It is unaccented, which distinguishes it from **πού**, the question word. Examples:

Το ποτήρι μου το οποίο είναι άδειο είναι στο τραπέζι.
Το ποτήρι μου που είναι άδειο είναι στο τραπέζι.
My glass, which is empty, is on the table.

Έχασα και τις δυο μου τσάντες τις οποίες είχα αγοράσει πέρυσι στο Λονδίνο.
Έχασα και τις δυο μου τσάντες που είχα αγοράσει πέρυσι στο Λονδίνο.
I lost both my bags, which I had bought last year in London.

Παρακάλεσε την κυρία η οποία κοιτάζει τα παπούτσια να βοηθήσει.
Παρακάλεσε την κυρία που κοιτάζει τα παπούτσια να βοηθήσει.
Ask the lady who is looking at the shoes to help.

VOCABULARY

το τραπέζι table
πέρυσι last year
βοηθώ I help

52.1 More pronouns

όποιος,α,ο	who, anyone
όσος,η,ο	as many, as much as
όπου	wherever
όποτε	whenever
όπως	however

Examples:

Μίλησε όποιος κι αν είσαι.   Speak, whoever you are.
Φάτε όσο θέλετε.   Eat as much as you want.
Θα πάμε όπου θέλει ο Σωτήρης.   We shall go wherever Sotiris wants.
Έλα όπως θέλεις.   Come as you like.

Exercise 65

Read the following sentence and try to explain who did what. Consult the vocabulary below.

Ο κύριος Δημητρίου του οποίου το σπίτι είναι στην οδό Πειραιώς και ο οποίος έχει τα δυο μεγάλα σκυλιά τα οποία δυστυχώς αγαπούν πολύ τον κήπο μας έφυγε ξαφνικά ένα βράδυ και άφησε τα σκυλιά στο δρόμο να γαβγίζουν.

1 Ποιος έφυγε;
2 Πού είναι το σπίτι με τον κήπο;
3 Τι έκαναν τα σκυλιά στο δρόμο;

VOCABULARY

το σκυλί   dog
γαβγίζω   I bark
ξαφνικά   suddenly
δυστυχώς   unfortunately
αφήνω   I leave

53 More adjectives

Most of the adjectives we discussed in the previous lesson formed the feminine
and neuter genders in a more or less predictable way, e.g. **καλός,ή,ό** and
καλοντυμένος,η,ο. Others, however, are less predictable, e.g. **πολύς, πολλή,
πολύ**.

Some adjectives you may encounter end in **-ύς, -ιά, -ύ**. These usually refer to
dimensions etc.:

βαρύς, βαριά, βαρύ	heavy
βαθύς, βαθιά, βαθύ	deep
παχύς, παχιά, παχύ	fat
πλατύς, πλατιά, πλατύ	wide

Other adjectives end in **-ής, -ιά, -ί**. These usually denote colour:

θαλασσής, θαλασσιά, θαλασσί	light blue (the colour of the sea: from **η θάλασσα)**
καφετής, καφετιά, καφετί	brown
χρυσαφής, χρυσαφιά, χρυσαφί	gold-coloured

The following are examples of how adjectives in these categories decline. The
genitive of the masculine and neuter is rarely used and is therefore given in
brackets. Native Greek speakers are quite adept at finding a circumspect way of
expressing a genitive, e.g. 'the water of the deep well' becomes **το νερό στο
βαθύ πηγάδι** (the water in the deep well).

Masculine	Feminine	Neuter
ο βαθύς	η βαθιά	το βαθύ
(του βαθιού)	της βαθιάς	(του βαθιού)
το βαθύ	τη βαθιά	το βαθύ
βαθύ	βαθιά	βαθύ
οι βαθιοί	οι βαθιές	τα βαθιά
των βαθιών	των βαθιών	των βαθιών
τους βαθιούς	τις βαθιές	τα βαθιά
βαθιοί	βαθιές	βαθιά

o θαλασσής	η θαλασσιά	το θαλασσί
(του θαλασσιού)	της θαλασσιάς	(του θαλασσιού)
το θαλασσή	τη θαλασσιά	το θαλασσί
θαλασσή	θαλασσιά	θαλασσί
οι θαλασσιοί	οι θαλασσιές	τα θαλασσιά
των θαλασσιών	των θαλασσιών	των θαλασσιών
τους θαλασσιούς	τις θαλασσιές	τα θαλασσιά
θαλασσιοί	θαλασσιές	θαλασσιά

READING PRACTICE

Εσείς, εμείς και το τηλέφωνο

Κάθε πρωί, αφού πιω το γάλα μου και πλύνω τα δόντια μου αρχίζω να διερωτώμαι.

– Πότε θα χτυπήσει; Ποιον θα θέλουνε; Εμένα; Κάποιον άλλο; Πόσες φορές θα πάρω την Ελένη και θα βγει το Υπουργείο Εξωτερικών; Ποιος θα πει «Σε παίρνω και δεν απαντάς» και εγώ ήμουν στο σπίτι όλη μέρα; Τις τελευταίες μέρες είχα συχνά τηλεφωνήματα.
– Καλημέρα σας.
– Καλημέρα σας.
– Εσείς πουλάτε ένα τροχόσπιτο;
– Δυστυχώς, δεν πουλάω τροχόσπιτο.
– Πώς είπατε; Δεν πουλάτε τροχόσπιτο;
– Όχι, μαντάμ, δεν πουλάω εγώ τροχόσπιτο.
– Αλλάξατε γνώμη;
– Όχι, ίσως να έχετε πάρει λάθος αριθμό. Κάποιος θα πουλάει τροχόσπιτο αλλά δεν είμαι εγώ αυτός.
– Πόσο το πουλάει;
– Συγγνώμη;
– Πόσο το πουλάει το τροχόσπιτο;
– Μα δεν τον ξέρω τον άνθρωπο.
– Είπατε ότι κάποιος πουλάει ένα τροχόσπιτο.
– Ναι αλλά δεν τον ξέρω εγώ. Τι να κάνω;
– Να μου πείτε την τιμή.
– Δεν την ξέρω την τιμή, μαντάμ. Δεν ξέρω ποιος έχει το τροχόσπιτο.
– Τότε γιατί δεν μου το λέτε από την αρχή;
Και διερωτώμαι κι εγώ μήπως πρέπει να δω γιατρό.

VOCABULARY

το γάλα   milk
πλένω (θα πλύνω)   I wash

τα δόντια teeth
διερωτώμαι I ask myself
χτυπά το τηλέφωνο the telephone rings
κάποιος,α,ο someone
η φορά the time
παίρνω (θα πάρω) I take
σε παίρνω στο πηλέφωνο I ring you
το τηλέφωνο telephone
το Υπουργείο Εξωτερικών the Foreign Ministry
απαντώ I answer
τελευταίος,α,ο last
συχνός,ή,ό frequent
πουλώ I buy (here, πουλάω, a form used in central Greece)
το τροχόσπιτο caravan
η γνώμη opinion
αλλάζω γνώμη I change my mind
το λάθος mistake
ο αριθμός number
η τιμή price
η αρχή beginning
πρέπει must

Once you have become reasonably familiar with the vocabulary it would be worth turning your attention to some of the idiomatic phrases listed under 'Vocabulary'. You may come across them or wish to use them.

Exercise 66

1 Give a brief account in English of the events described in the above reading passage. Then check it with the Key.
2 Explain in Greek to a friend that you tried to telephone him a number of times last night; you could hear the telephone ring but he wouldn't answer the phone.

Useful vocabulary – the telephone

ο τηλεφωνικός κατάλογος telephone directory
ο χρυσός οδηγός yellow pages (the golden guide)
κλήσεις – εσωτερικού national calls
          – εξωτερικού international calls
η υπεραστική κλήση long-distance call
η προσωπική κλήση personal call

Lesson 11

54 More prepositions

Here we shall deal with the prepositions **σε, και, παρά, μετά, πριν, για, μέχρι.**

σε   We have already dealt with some of the uses of **σε** in Lesson 9. It has the additional use in expressing time and, in this context, is the equivalent of 'at' in English. More often than not it loses the **-ε** and joins the following article, e.g. **σε τις – στις** or **σε ένα – σ' ένα.** Examples:

Έφθασα στις δύο.   I arrived at two.

Θα σε δω στις έξι.   I will see you at six.

παρά   This also has a use in conjunction with time and in this context can be seen as the equivalent of 'to'.

Είναι δέκα παρά πέντε.   It's five to ten.

It can also have the meaning of 'despite'. Examples:

Δε σε ευχαρίστησε παρά τη βοήθειά σου.
He/She did not thank you despite your help.

Πέθανε παρά τις προσπάθειες των γιατρών.
He died despite the doctors' efforts.

μετά   'after' – it is used on its own if it is followed by a noun and its definite article. Examples:

Μετά το θέατρο πήγαμε σε μια δισκοθήκη.   After the threatre we went to a disco.

Το καλοκαίρι είναι μετά την άνοιξη.   Summer is after spring.

μετά από   If, however, it is followed by anything else, it is used with **από.** Example:

Μετά από ένα μακρινό περίπατο καθόμαστε στον κήπο.
After a long walk we sit in the garden.

πριν   'before'

Θα φύγουμε πριν το μεσημέρι.   We will be leaving before noon.

για   'for'

Ήρθε για δυο μέρες.   He came for two days.

μέχρι   'up to', 'until'

Σε περίμενα μέχρι τις δέκα.   I waited for you until ten.

Θα σε πάρω μέχρι το σπίτι σου.   I will take you as far as your house.

και   In addition to its use as 'and', **και** can also be used in the context of time to mean 'past'. We shall deal with this use more extensively in the next section.

Note: These prepositions, like those in Lesson 9 (Section 48), are chiefly followed by a noun in the accusative, e.g. **από το σπίτι, για σένα**.

55 Time (Η ώρα)

Many of the prepositions introduced in this lesson can be used to describe the time of day.

Είναι τέσσερις η ώρα.	The time is four o'clock.
Είναι πέντε.	It's five.
Είναι δέκα παρά πέντε.	It's five *to* ten.
Είναι έξι παρά είκοσι πέντε	It's twenty-five *to* six.
Είναι επτά και δεκαπέντε.	It's fifteen minutes *past* seven.
Είναι οκτώ και είκοσι.	It's twenty *past* eight.

So **παρά** is 'to' and **και** is 'past'. The most significant difference from the English way of expressing time is that the order within the sentence is reversed in Greek, i.e. the hour comes first, followed by the word expressing 'to' or 'past' the hour, and finally the number of minutes.

VOCABULARY

το τέταρτο   quarter (of an hour)
η μισή   half-hour
το λεπτό   minute
το δευτερόλεπτο   second
το ρολόι   clock, watch
πμ* (πριν το μεσημέρι)   am
μμ* (μετά το μεσημέρι)   pm
το μεσημέρι   noon
τα μεσάνυχτα   midnight

* These abbreviations are used only in writing; when read out they are read in full.

The following are useful expressions used in conjunction with time.

Τι ώρα είναι;	What time is it?
Τι ώρα έχετε;	What time do you make it? (literally: have)
στις οκτώ	at eight
but	
το μεσημέρι	at noon
τα μεσάνυχτα	at midnight

έντεκα και τριάντα	eleven thirty
or	
έντεκα και μισή	half past eleven
έντεκα και δεκαπέντε	fifteen minutes past eleven
or	
έντεκα και τέταρτο	a quarter past eleven
έντεκα παρά τέταρτο	a quarter to eleven
πέντε παρά είκοσι	twenty to five
σε είκοσι πέντε λεπτά	in twenty-five minutes
σε δύο ώρες	in two hours
είναι πέντε η ώρα	it's five o'clock

Exercise 67

Give the following times in words, like this: 10.30   **δέκα και μισή**

1	12.25	5	11.05	9	8.30 am
2	3.15	6	5.55	10	9.00
3	4.45	7	2.33	11	7.40
4	1.00 pm	8	6.07		

DIALOGUE

The following dialogue concerns an enquiry about train timetables. Pay particular attention to the expressions involving time.

Στο σταθμό του τρένου   At the railway station

– Με συγχωρείτε, μήπως ξέρετε τι ώρα φεύγει το τραίνο για τη Θεσσαλονίκη;
– Νομίζω ότι φεύγει τραίνο κάθε μια ώρα αλλά δεν ξέρω ακριβώς τι ώρα. Το επόμενο ίσως να φεύγει στις δύο και δεκαπέντε.
– Μήπως ξέρετε πόση ώρα κάνει το τρένο από την Αθήνα μέχρι τη Θεσσαλονίκη;
– Δυστυχώς όχι. Είναι όμως σχεδόν δύο και τέταρτο και ίσως να πρέπει να βιαστείτε να βγάλετε εισιτήριο και να τρέξετε να προλάβετε το τρένο. Συνήθως φεύγει ακριβώς στην ώρα.
– Τρέχω. Γεια σας.
– Γεια, καλό ταξίδι.

VOCABULARY

ο σταθμός   station

94

το τρένο   train
ακριβώς   exactly
επόμενος,η,ο   next
ίσως   perhaps
σχεδόν   nearly
πρέπει   must
βιάζομαι   I am in a hurry
βγάζω   I take out
βγάζω εισιτήριο   I buy (literally: take out) a ticket
βγάζω τα ρούχα μου   I take my clothes off
τρέχω   I run
προλαβαίνω   I catch (in time)
συνήθως   usually
φεύγει ακριβώς στην ώρα   it usually leaves exactly on time

Exercise 68

Put the following short exchange into Greek. If you can't remember how Greek dialogue is presented, go back briefly to Lesson 5, Section 25, or if you feel in a somewhat lazy mood look at the previous dialogue.

"What time is it?"
"It's exactly 8.30."
"Do you know what time the bus for Piraeus leaves?"
"No, I don't know, but I think it leaves at 8.45."
"Can I buy a ticket on the bus?"
"Yes, but it is better to buy it here before you get on.
You have nearly ten minutes before the bus leaves."

Exercise 69

Fill in the correct prepositions, choosing from the following.

σε (σ...), από, με, μαζί με, χωρίς, και, παρά, μετά, πριν, για, μέχρι

1 Θα σε δω ... τις δέκα και μισή, έξω από το μουσείο.
2 Αποφάσισε να επισκεφθεί το Γιώργο ... πάει στο ταχυδρομείο.
3 Έλα ... το μεσημέρι. Πριν τις δώδεκα θα λείπω.
4 Θα σε περιμένω ακριβώς στις δέκα ... τέταρτο.
5 Άκουσα το ρολόι που χτυπούσε έξι ... μισή.
6 Είναι ... μένα αυτές οι σοκολάτες; Ευχαριστώ πολύ.
7 Θα σε πάρω ... το σπίτι σου.
8 ... μένα ήρθε και η φίλη μου.
9 ... αυτά τα παπούτσια δεν μπορείς να περπατήσεις.
10 Η Δευτέρα είναι ... την Κυριακή.

56 Impersonal verbs

These are verbs which are used in the third person singular without a subject, e.g. πρέπει να γίνει (it must be done), βρέχει (it is raining). There are two categories of impersonal verbs: (a) verbs which are used only in the third person singular – those which are used only as impersonal verbs – and (b) those which change meaning when used as impersonal verbs. Πρέπει and μπορεί are impersonal verbs and roughly correspond to 'must' and 'may be' in English.

56.1 Verbs used only as impersonal verbs

These are few:

πρέπει	it is necessary
χιονίζει	it snows
πρόκειται	to be about to
είναι δυνατόν	it is possible

Examples:

Πρέπει να είστε προσεχτικός όταν οδηγείτε.
You must be careful when driving.

Δε χιονίζει συχνά στην Ελλάδα.
It does not snow often in Greece.

Πρόκειται να φύγουν όλοι για τη Γαλλία.
They are all about to leave for France.

Είναι δυνατόν να δούμε το διευθυντή;
Is it possible for us to see the manager?

56.2 Verbs with a different meaning when used impersonally

βρέχει	it is raining (impersonal)	βρέχω	I moisten
μπορεί	maybe (impersonal)	μπορώ	I can
φαίνεται	it seems (impersonal)	φαίνομαι	I appear

Examples of impersonal use:

Βρέχει πολύ το χειμώνα.   It rains a great deal in winter.
Μπορεί να πάμε στο θέατρο αύριο.   We may be going to the theatre tomorrow.
Φαίνεται θα αργήσει το τραίνο.   It seems the train is going to be late.

Examples of personal use:

Θα βρέξεις το φόρεμά σου.   You will get your dress wet.
Μπορείς να με βοηθήσεις;   Can you help me?

Πώς σας φαίνεται το παγωτό;   How do you like the ice cream?
(literally: How does the ice cream appear to you?)

Exercise 70

The sentences which follow have been split into two, each half appearing in one
of the two columns below. Can you match them up?

1 Πρέπει να	να φθάσουν αύριο το πρωί.
2 Μπορώ να αγοράσω	να φύγουμε τώρα.
3 Βρέχει δυνατά	απόψε, κάνει κρύο.
4 Δεν είναι δυνατόν	αποφασίσεις.
5 Πρόκειται	ένα χάρτη από το περίπτερο;
6 Μπορεί να χιονίσει	και να πάρεις ένα ταξί.

Exercise 71

Μπορεί να φτάσει με την επόμενη πτήση στις πέντε.
He may be arriving on the next flight at five.

Use the same sentence, replacing **μπορεί** with **είναι δυνατόν, πρόκειται, πρέπει,
φαίνεται,** and explain how the meaning changes each time, if at all.

READING PRACTICE

Στο αεροδρόμιο

Η οικογένεια Δημοσθένους έφθασε στον Αερολιμένα της Λάρνακας νωρίς
μαζί με τις αποσκευές τους. Ήταν τέσσερα άτομα αυτοί, ήταν και
δεκατέσσερα κομμάτια οι αποσκευές τους. Ο ταξιτζής ρώτησε όταν
κατέβαζε τη δεκάτη βαλίτσα «με πλοίο θα ταξιδέψετε κύριε ή με
αεροπλάνο;».

Χρησιμοποίησαν τέσσερα τρόλλεϋ για τις αποσκευές και μόλις
μπόρεσαν να χωρέσουν όλες τις βαλίτσες, τα βαλιτσάκια, τις τσάντες και
τα τσαντάκια τους. Πρώτα κοίταξαν να βρουν το χώρο αναχωρήσεων
αλλά μπήκαν κατά λάθος στο χώρο αφίξεων. Με δυσκολία έσπρωχναν τα
τρόλλεϋ τους μέσα στον κόσμο αλλά τελικά φθάνουν στις «Αναχωρήσεις»
όπου και προχωρούν προς τον έλεγχο αποσκευών των Κυπριακών
Αερογραμμών.

Η υπάλληλος τους έριξε μια ματιά, έριξε μια ματιά στις αποσκευές και
ρώτησε.
– Τα εισιτήριά σας παρακαλώ. Πόσα άτομα θα ταξιδέψουν;
– Εμείς οι τέσσερις.
– Δικές σας είναι όλες οι αποσκευές;

– Ναι, πως.
– Να τις ζυγίσουμε.
Τις ζύγισαν.
– Εκατό λίρες παρακαλώ, είπε η υπάλληλος μετά από πολλά λεπτά.
– Με συγχωρείτε, έχουμε κιόλας πληρώσει το εισιτήριό μας.
– Οι εκατό λίρες δεν είναι για τα εισιτήριά σας κύριε, είναι για τις αποσκευές σας. Έχετε πολλά κιλά επί πλέον.
– Τι μου λέτε δεσποινίς;
– Είναι κανονισμοί κύριε.
Κοιτάζει την κυρία Δημοσθένους ο κύριος, κοιτάζει κι αυτή το πάτωμα. Τι να κάνει ο κύριος Δημοσθένους, πλήρωσε. Ευτυχώς που είχε μαζί του την πιστωτική κάρτα του.
– Τα εισιτήριά σας και οι κάρτες επιβιβάσεως τις οποίες θα πρέπει να δώσετε στην αεροσυνοδό πριν επιβιβαστείτε.
Η οικογένεια Δημοσθένους πέρασε από τον έλεγχο διαβατηρίων σιωπηλή. Στον έλεγχο ασφάλειας ο κύριος Δημοσθένους άρχισε να αγριοκοιτάζει τη σιωπηλή σύζυγό του και όταν έφθασαν στην αίθουσα αναμονής και η κυρία έκανε να προχωρήσει προς τα καταστήματα αφορολόγητων ειδών ο σύζυγός της δεν κρατήθηκε πια.
– Κάθησε, είπε μόνο.
Και η κυρία κάθησε και έμεινε στη θέση της μέχρι την ανακοίνωση τής αναχώρησης της πτήσης τους.

VOCABULARY

το αεροδρόμιο   airport
ο αερολιμένας   airport
οι αποσκευές   luggage
το τρόλλεϋ   trolley
το κομμάτι   piece
το άτομο   person
η βαλίτσα   suitcase
το βαλιτσάκι   small suitcase
η τσάντα   bag
το τσαντάκι   small bag
ο ταξιτζής   taxi driver
κατεβάζω   I get down, I lower
ταξιδεύω   I travel
το πλοίο   ship
το αεροπλάνο   aeroplane
οι Κυπριακές Αερογραμμές   Cyprus Airways
χωρώ   I fit in
πρώτα   at first
η δυσκολία   difficulty

98

ρίχνω μια ματιά   I glance at
ρωτώ   I ask
αναχωρήσεις (η αναχώρηση)   departures
αφίξεις (η άφιξη)   arrivals
ζυγίζω   I weigh
η πιστωτική κάρτα   credit card
η αεροσυνοδός   stewardess
κιλά επί πλέον   excess kilos
το εισιτήριο   ticket
ο κανονισμός   regulation
αγριοκοιτάζω   I look angrily
ευτυχώς   fortunately
η κάρτα επιβιβάσεως*   boarding card
επιβιβάζομαι   I board
έλεγχος διαβατηρίων   passport control
έλεγχος ασφάλειας   security check
σιωπηλός,ή,ό   quiet
η αίθουσα αναμονής   the waiting room
το κατάστημα   the shop (= το μαγαζί)
(τα) αφορολόγητα είδη   duty-free goods
ο,η σύζυγος   husband, wife
δεν κρατήθηκε πια   he could no longer hold back
η ανακοίνωση   announcement
η πτήση   flight
η θέση   seat, position

* This ending is a survivor from katharevousa and still in quite common use.

Also note the switch in tenses from past to present and past again. This is not uncommon
in Greek where emphasis needs to be placed on a particular course of action.

Exercise 72

Give in English a short account of the incident described in the last reading
passage.

Exercise 73

Using the vocabulary introduced in this Lesson, state *in Greek* what sign you
would look for if you wanted the following.

1   Security check
2   Check-in
3   Duty-free drinks
4   Passport control
5   To meet friends flying in from abroad

6 To find the departure times
7 To catch a train
8 To find out the time

Exercise 74

Give the following jobs *in Greek*, remembering to include the definite article.

1 stewardess
2 doctor (male)
3 teacher (female)
4 taxi driver
5 lawyer (male)

6 shop assistant (female)
7 teacher (male)
8 policeman
9 waiter

Useful vocabulary – travelling

ΣΤΑΘΜΟΣ ΤΡΕΝΟΥ	railway station
ΛΕΩΦΟΡΕΙΟ	bus
ΣΤΑΣΗ ΛΕΟΦΩΡΕΙΟΥ	bus stop
ΥΠΟΓΕΙΟΣ ΣΙΔΗΡΟΔΡΟΜΟΣ	underground
ΜΕΤΡΟ	underground (metro)
ΕΚΔΟΣΗ ΕΙΣΙΤΗΡΙΩΝ	ticket office
ΕΣΩΤΕΡΙΚΑ ΔΡΟΜΟΛΟΓΙΑ	internal routes (internal flights)
ΠΤΗΣΕΙΣ ΕΞΩΤΕΡΙΚΟΥ	international flights
Δελτίο Αφίξεως*	card for arrivals
Αριθμός Πτήσης	flight number
ΥΓΕΙΟΝΟΜΙΚΟΣ ΕΛΕΓΧΟΣ	health control
ΔΗΛΩΣΗ ΣΥΝΑΛΛΑΓΜΑΤΟΣ	declaration of foreign currency
ΠΛΗΡΟΦΟΡΙΕΣ	information
ΚΡΑΤΗΣΕΙΣ ΞΕΝΟΔΟΧΕΙΩΝ	hotel reservations
ΕΙΔΗ ΠΡΟΣ ΔΗΛΩΣΗ	goods to declare
ΟΥΔΕΝ ΠΡΟΣ ΔΗΛΩΣΗ	nothing to declare
ΤΕΛΩΝΕΙΑΚΟΣ ΕΛΕΓΧΟΣ	customs control
ΤΡΑΠΕΖΑ	bank
ΑΦΟΡΟΛΟΓΗΤΑ	duty-free
ΕΠΙΒΑΤΕΣ ΠΡΩΤΗΣ ΘΕΣΗΣ	first class passengers
ΔΙΕΡΧΟΜΕΝΟΙ ΕΠΙΒΑΤΕΣ	passengers in transit
ΑΝΑΖΗΤΗΣΗ ΑΠΟΣΚΕΥΩΝ	left luggage
ΕΛΕΓΧΟΣ ΕΙΣΙΤΗΡΙΩΝ	check-in
ΕΛΕΓΧΟΣ ΕΠΙΒΑΤΩΝ ΚΑΙ ΑΠΟΣΚΕΥΩΝ	check-in

* katharevousa ending

Exercise 75

Copy the above list of vocabulary in capital and lower case letters; you will now have to place the accent on the correct syllable like this: **Τράπεζα**. Then add the correct definite article in the singular if the word describes one thing, plural if it describes more than one. Once you have finished, turn to the Key to exercises and check your answers.

Lesson 12

57 Demonstrative pronouns

The most commonly used demonstrative pronouns are **αυτός,ή,ό** (this) when referring to somebody or something close to the speaker and **εκείνος,η,ο** (that) when the object or person is distant. Examples:

Αυτός ο άνθρωπος δεν είναι καλά.   This man is not well.
Έβαλα το βιβλίο σ' αυτή την καρέκλα.   I put the book on this chair.
Δώσε μου εκείνη τη βαλίτσα.   Give me that suitcase.
Ποια είναι εκείνη η γυναίκα;   Who is that woman?

Other words which come into this category but are less commonly encountered are:

τέτοιος,α,ο   such
τόσος,η,ο   so much, so many

Τέτοια παπούτσια δεν έχω ξαναδεί.   I have not seen such shoes before.

Έχει τόσα πολλά λεφτά, δεν ξέρει πώς να τα ξοδέψει.
He has so much money that he does not know how to spend it.

Exercise 76

Fill in the correct word, choosing from among the following: **αυτός, εκείνος, τέτοιος, τόσος**. Do not forget that the correct gender, number and case must be used, e.g. **εκείνων των παιδιών**.

1   ... ώρα πέρασε χωρίς να το καταλάβω.
2   Δεν αποφάσιζαν τι να κάνουν. ... ήθελε να πάνε στο θέατρο και εκείνη να μείνουν στο σπίτι.
3   Πέρασαν ... πολλά χρόνια από τότε.
4   Τα χρήματά σου είναι σ' ... εδώ το τσαντάκι.
5   Το αυτοκίνητο είναι ... του κυρίου που ψωνίζει στο φαρμακείο.

58 Passive voice – present

Passive verbs are used to describe an action inflicted on the subject of the verb, e.g. 'he was killed'. **Απαγορεύεται η είσοδος, απαγορεύεται η στάθμευση,** απαγορεύεται το κάπνισμα (no entry, no parking, no smoking – literally: '... is forbidden') are some Greek examples we have already encounterd.

It must be remembered that some verbs which are active in English may well be passive in Greek; e.g. **κάθομαι** (I sit) and **θυμάμαι** (I remember) are passive in Greek.

Active verbs in Greek end in -ω, passive verbs in -μαι. Some have the ending -ούμαι or -άμαι, others -όμαι. The following verbs are given in all forms of the present tense.

φοβάμαι/φοβούμαι* (I am afraid)	φοβούμαστε
φοβάσαι	φοβάστε
φοβάται	φοβούνται
σκοτώνομαι (I get killed)	σκοτωνόμαστε
σκοτώνεσαι	σκοτώνεστε
σκοτώνεται	σκοτώνονται

* Some other verbs also have a similar alternative form, e.g. λυπάμαι/λυπούμαι, θυμάμαι/θυμούμαι, κοιμάμαι/κοιμούμαι.

These two verbs are examples of two different kinds of passive verbs. **Φοβάμαι** means 'I am afraid' but **φοβίζω** means 'I frighten'. Similarly **σκοτώνομαι** means 'I get killed' and **σκοτώνω** 'I kill'. The following are some other commonly used verbs which have a different meaning in the passive voice.

δανείζω (I lend)	δανείζομαι (I borrow)
συμβουλεύω (I advise)	συμβουλεύομαι (I consult)
μοιράζω (I distribute)	μοιράζομαι (I share)
θυμίζω (I remind)	θυμάμαι (I remember)
κοιμίζω (I put to sleep)	κοιμάμαι (I sleep)

A number of verbs exist only in the passive.

κάθομαι (I sit)   δέχομαι (I receive)   γίνομαι (I become)

Exercise 77

The following phrases are idiomatic expressions making use of verbs in the passive. Their equivalent in English is provided. All you have to do is fill in the appropriate form of the verb.

1 (φοβάμαι) και τη σκιά του. He is scared of his shadow.

2 (σκοτώνομαι) στις δουλειές. She kills herself working.

3 (κάθομαι) σε αναμμένα κάρβουνα. We are sitting on burning coals. (We are very worried.)

4 (απαγορεύομαι) το κάπνισμα. No smoking.

Exercise 78

A list of verbs in the correct form follows. Put them in the appropriate space in the short passage.

είναι
τοποθετούνται (τοποθετώ I place)
βρίσκονται (βρίσκομαι I am at, I exist)
επιβιβάζονται (επιβιβάζομαι I go on board)

Η πτήση CY356 ... σχεδόν έτοιμη για απογείωση. Οι επιβάτες ... και οι αεροσυνοδοί κοιτάζουν τις κάρτες επιβιβάσεως. Ο κυβερνήτης του αεροσκάφους μαζί με το πλήρωμά του ... στις θέσεις τους. Οι αποσκευές είναι κιόλας στη θέση τους. Μια αεροσυνοδός βοηθά τους τελευταίους επιβάτες με τις αποσκευές χεριού οι οποίες πρέπει να ... κάτω από το κάθισμα.

VOCABULARY

η απογείωση take-off
ο επιβάτης passenger
το πλήρωμα crew
το αεροσκάφος aircraft
το κάθισμα seat

59 Numbers – hundreds, thousands, millions

59.1 Hundreds

100	εκατό	600	εξακόσια ή εξακόσα
200	διακόσια	700	εφτακόσια
300	τριακόσια ή τρακόσα	800	οκτακόσια ή οχτακόσια
400	τετρακόσια ή τετρακόσα	900	εννιακόσια ή εννιακόσα
500	πεντακόσια ή πεντακόσα		

59.2 Thousands (η χιλιάδα)

1 000	χίλια	6 000	έξι χιλιάδες
2 000	δυο χιλιάδες	7 000	επτά χιλιάδες
3 000	τρεις χιλιάδες	8 000	οκτώ χιλιάδες
4 000	τέσσερις χιλιάδες	9 000	εννιά χιλιάδες
5 000	πέντε χιλιάδες		

1 580 is read as **χίλια πεντακόσια ογδόντα**.

59.3 Millions (τα εκατομμύρια)

1 000 000	ένα εκατομμύριο	6 000 000	έξι εκατομμύρια
2 000 000	δύο/δυο εκατομμύρια	7 000 000	επτά εκατομμύρια
3 000 000	τρία εκατομμύρια	8 000 000	οκτώ εκατομμύρια
4 000 000	τέσσερα εκατομμύρια	9 000 000	εννέα ή εννιά
5 000 000	πέντε εκατομμύρια		εκατομμύρια

1 000 000 000   ένα δισεκατομμύριο
2 000 000 000   δύο δισεκατομμύρια
and so on.

1 400 800 is read as **ένα εκατομμύριο, τετρακόσιες χιλιάδες, οχτακόσια**.
3 500 750 is read as **τρία εκατομμύρια, πεντακόσιες χιλιάδες, εφτακόσια πενήντα**.

Exercise 79

Give the following numbers in words, also translating into Greek the objects accompanying them. Do not forget that in some cases the ending will change depending on the gender of the word the number describes. The numbers given include numbers learnt earlier in Lesson 6.

1	25 cars	9	103 men
2	3 children	10	4 hotels
3	12 buses	11	5.30 am
4	9 kilos	12	18 litres of petrol
5	1 500 drachmas	13	3 875
6	1 500 000	14	3 000 people
7	5 700 650 dollars	15	567 pounds
8	483 kilometres	16	8 677

60 Percentages

It is worth referring briefly to percentages here, since you are likely to come across them in the form of percentage service charges, VAT which is now operating in Greece, and of course bank charges.

%   τοις εκατόν (katharevousa term)

6%   έξι τοις εκατόν
15%   δεκαπέντε τοις εκατόν

Service charges are usually stated separately on the bill and can be expected to be around 10%: **δέκα τοις εκατόν**. They will probably appear under **ΥΠΗΡΕΣΙΑ (υπηρεσία)** service. VAT in Greek is **ΦΠΑ – Φόρος Προστιθέμενης Αξίας** (Value Added Tax) and is charged at three different rates according to which category the goods you purchase are classified under. The VAT rate is known as **Συντελεστής ΦΠΑ** and is charged as a percentage.

61 Telephone numbers (Αριθμοί τηλεφώνου)

Telephone numbers are usually grouped in pairs, e.g. 2586 will be read as 25–86, **είκοσι πέντε, ογδόντα έξι**. A longer number, which contains pairs but in addition has a single number which cannot be paired with another, will be read beginning with the single number, e.g. 2 67 43, **δύο, εξήντα επτά, σαράντα τρία**.

Telephone numbers are preceded by the area code, known as **κωδικός αριθμός** or simply as **ο κωδικός**. The number 01 3 23 24 81 will be read as: **μηδέν ένα, τρία, είκοσι τρία, είκοσι τέσσερα, ογδόντα ένα**.

Exercise 80

Express the following percentages and telephone numbers in words.

1	10%	5	45 68
2	100%	6	3 44 22
3	23%	7	89 64 11
4	75%	8	033 6 51 65

Exercise 81

Express in numbers the following times, telephone numbers, percentages and sums of money.

1 Πέντε και τριάντα τρία πριν το μεσημέρι.
2 Κωδικός μηδέν τρία, αριθμός τηλεφώνου επτά, δεκατέσσερα, έντεκα.
3 Οκτώ τοις εκατόν.
4 Δώδεκα τα μεσάνυχτα.
5 Δεκαοκτώ τοις εκατόν.
6 Το τηλέφωνό μου είναι σαράντα τέσσερα, εβδομήντα πέντε.
7 Οκτώ χιλιάδες είκοσι πέντε λίρες.
8 Ένα εκατομμύριο τριακόσιες πενήντα χιλιάδες δραχμές.

READING PRACTICE

Στην τράπεζα

Οι ώρες λειτουργίας των Τραπεζών είναι συνήθως το πρωί από τις 8.30 μέχρι το μεσημέρι. Έξω από τις πιο πολλές τράπεζες θα δείτε μια ανακοίνωση με τις ώρες λειτουργίας ή τις ώρες εισόδου του κοινού. Συχνά οι ώρες λειτουργίας δεν είναι οι ίδιες με τις ώρες ταμείου κι αν θέλετε να αλλάξετε χρήματα ή ταξιδιωτικές επιταγές πρέπει να πάτε κατά τις ώρες λειτουργίας του ταμείου.

Πρώτα πρέπει να βρείτε την πινακίδα που γράφει «ΤΑΞΙΔΙΩΤΙΚΕΣ ΕΠΙΤΑΓΕΣ» ή «ΣΥΝΑΛΛΑΓΜΑ». Θα πρέπει να έχετε μαζί σας το διαβατήριό σας και ο/η υπάλληλος θα σας ζητήσει τη διεύθυνσή σας.

Μετά θα σας ζητήσει να υπογράψετε ένα έντυπο και θα σας ζητήσει να το παρουσιάσετε στο «ΤΑΜΕΙΟ» όπου και θα πάρετε τα λεφτά σας σε χαρτονομίσματα και νομίσματα.

Η τράπεζα θα κρατήσει από το ποσό που θα σας δώσει ένα ποσό για έξοδά της. Συνήθως τα ταμεία στα τουριστικά ξενοδοχεία ή σε τράπεζες σε τουριστικές περιοχές είναι ανοιχτά και μερικά απογεύματα.

VOCABULARY

ώρες λειτουργίας   business hours
η λειτουργία   function, operation
συνήθως   usually
έξω   outside, out of
η ανακοίνωση   announcement
ώρες εισόδου του κοινού   business hours for the public
η είσοδος   entry
το κοινό   public
συχνά   frequently
το ταμείο   cashier
ίδιος,α,ο   the same, oneself
το χρήμα (τα χρήματα)   money
αλλάζω χρήματα   I change money
η ταξιδιωτική επιταγή   travellers' cheque
η επιταγή   cheque
η πινακίδα   notice, sign
το συνάλλαγμα   foreign exchange
υπογράφω   I sign
η υπογραφή   signature
ζητώ   I ask for, I request
παρουσιάζω   I present
τα λεφτά*, τα χρήματα   money
τα λεπτά*   minutes

το χαρτονόμισμα   note (money)
το νόμισμα   coin
το ποσό   sum
κρατώ   I hold, I keep
τα έξοδα   expenses
ο τουρίστας, η τουρίστρια   tourist
τουριστικός,ή,ό   tourist (adj)
η περιοχή   area
ανοιχτός,ή,ό   open
κλειστός,ή,ό   closed
μερικοί,ές,ά   some, a few

* In many words the difference between π and φ is a question of personal preference, e.g. επτά, εφτά. In this case, however, the two words have a different meaning.

Exercise 82

Give a brief answer to the following questions in Greek.

1 Ποιες ώρες είναι οι τράπεζες ανοιχτές;
2 Πού θα πάτε για να αλλάξετε στερλίνες;
3 Πού θα σας δώσουν τα χρήματα;
4 Τι θα σας ζητήσει ο/η υπάλληλος;

Exercise 83

Practise telling the bank employee why you have come to the bank. Remember to address him/her in the 'polite plural'.

1 Can I change some pounds sterling, please?
2 I would like* to change £S100.00.
3 My address is: Hotel **Αριάδνη**, Room 313.
4 What time do you close?

* If you cannot remember the Greek for 'I would like', 'I want' will do just as well.

Lesson 13

62 Passive voice – imperfect

The imperfect of the passive of verbs is used when (a) something is happening to the subject of the verb and (b) the action is in the past and either was repeated or lasted a long time.

Present	Imperfect
φοβάμ-αι	φοβόμ-ουν
φοβάσ-αι	φοβόσ-ουν
φοβάτ-αι	φοβότ-αν
φοβούμ-αστε	φοβόμ-αστε
φοβάσ-τε	φοβόσ-αστε
φοβούν-ται	φοβόν-ταν
σκοτών-ομαι	σκοτων-όμουν
σκοτών-εσαι	σκοτων-όσουν
σκοτών-εται	σκοτων-όταν
σκοτων-όμαστε	σκοτων-όμαστε
σκοτών-εστε	σκοτων-όσαστε
σκοτών-ονται	σκοτών-ονταν
έρχομαι	ερχόμουν
έρχεσαι	ερχόσουν
έρχεται	ερχόταν
ερχόμαστε	ερχόμαστε
έρχεστε	ερχόσαστε
έρχονται	έρχονταν

Όταν ήμουν παιδί φοβόμουν το σκοτάδι.
When I was a child I was afraid of the dark.

Πήγαμε στην εκκλησία, παντρευόταν ο Παύλος.
We went to the church, Paul was getting married.

Exercise 84

The present tense of **θυμάμαι** is given. Give the imperfect.

θυμάμαι, θυμούμαι	θυμούμαστε
θυμάσαι	θυμάστε
θυμάται	θυμούνται

Exercise 85

The first person singular of a passive verb is given against each number. Provide the present and imperfect forms of the verb indicated by each pronoun, like this: εγώ θυμούμαι, εσύ θυμάσαι.

1 εγώ παντρεύομαι (I get married) εμείς
2 εγώ λυπάμαι (I am sorry) αυτή
   (like θυμάμαι)
3 εγώ σκέφτομαι (I think) εσείς
   (like έρχομαι)
4 εγώ είμαι αυτοί
5 εγώ χαίρομαι (I am glad) αυτό
   (like έρχομαι)
6 εγώ κάθομαι (I sit)   Η Μαρία
   (like έρχομαι)

Exercise 86

Give the passive form of each of the following verbs, like this: παντρεύω – παντρεύομαι.

1 φωτογραφίζω (I take photographs)
2 περιβάλλω (I surround)
3 επαναλαμβάνω (I repeat)
4 κοιτάζω (I look at)
5 φιλοξενώ (I give hospitality to)
6 περιτριγυρίζω (I place round)

63 Numerical adjectives

We have already used a few of the numerical adjectives or ordinal numbers (πρώτος, δεύτερος), for example: ο πρώτος όροφος. They are:

πρώτος,η,ο	first
δεύτερος,η,ο	second
τρίτος,η,ο	third
τέταρτος,η,ο	fourth
πέμπτος,η,ο	fifth
έκτος,η,ο	sixth
έβδομος,η,ο	seventh
όγδοος,η,ο	eighth
ένατος,η,ο	ninth
δέκατος,η,ο	tenth
εντέκατος,η,ο	eleventh

110

δωδέκατος,η,ο	twelfth
δέκατος τρίτος (δέκατη τρίτη, δέκατο τρίτο)	thirteenth
δέκατος τέταρτος (δέκατη τέταρτη, δέκατο τέταρτο)	fourteenth
etc.	
εικοστός,ή,ό	twentieth
εικοστός πρώτος (εικοστή πρώτη, εικοστό πρώτο)	twenty-first
etc.	
τριακοστός,ή,ό	thirtieth
τεσσαρακοστός,ή,ό	fortieth
πεντηκοστός,ή,ό	fiftieth
εξηκοστός,ή,ό	sixtieth
εβδομηκοστός,ή,ό	seventieth
ογδοηκοστός,ή,ό	eightieth
ενενηκοστός,ή,ό	ninetieth
εκατοστός,ή,ό	hundredth

They all decline like any adjective. The abbreviated form is written in a way very similar to English, i.e. the number is followed by the last one or two letters of the full word. However, in Greek these must agree with the noun they describe, as in: **δεύτερος όροφος ή 2ος όροφος, δευτέρη λεωφόρος ή 2η λεωφόρος, δεύτερο βιβλίο ή 2ο βιβλίο.**

Exercise 87

Give in Greek the abbreviated form of the following, as referring to (a) **o όροφος**; (b) **το αυτοκίνητο**; (c) **η εφημερίδα**. Do not forget that the last two letters will vary depending on the gender of the noun they refer to, e.g. 4th will be **4ος** if referring to (a), **4ο** if referring to (b) and **4η** if referring to (c).

1	1st		6	100th
2	13th		7	42nd
3	24th		8	3rd
4	30th		9	97th
5	55th			

64 Dates

These can be written simply in numbers as in English, e.g. 1.2.1991 or 1/2/1991. More fully, as for example at the start of a letter, they can appear as:

1η Νοεμβρίου 1991

this would be read as:

πρώτη Νοεμβρίου χίλια εννιακόσια ενενήντα ένα

111

The following are some expressions involving dates which are in everyday use.

ημερομηνία γεννήσεως*	22α** Ιανουαρίου 1946	date of birth
ημερομηνία αφίξεως*	15η Μαρτίου 1965	date of arrival
ημερομηνία γάμου	20η Αυγούστου 1978	date of marriage

* These endings are from katharevousa. What should they be according to the endings learnt in this book? Look in the Key to exercises.

** Note that earlier we used **2η λεωφόρος** but here we have **22α Ιανουαρίου**. The latter is the katharevousa ending and is used with dates.

Exercise 88

Give the following dates in Greek, e.g. 2nd October 1800: **2α Οκτωβρίου χίλια οκτακόσια.**

1	31st June 1780	4	1st April 1955
2	6th December 1650	5	28th October 1940
3	14th February 1988	6	25th March 1821

If you stay in Greece or Cyprus for any length of time it is highly likely that you will come across the last two dates. You will either hear them mentioned or you may even come across streets named after them: **οδός 28ης Οκτωβρίου, οδός 25ης Μαρτίου.** The former is what has come to be known as «**ΟΧΙ**» day, i.e. the refusal to allow the Italians to occupy Greece in 1940. The latter is the date of the Greek uprising against Turkish rule.

In Cyprus, **η 1η Απριλίου** is not only April Fool's Day but also the anniversary of the Greek Cypriots' movement against the British occupation of the island. You may well come across **οδός 1ης Απριλίου.**

DIALOGUE

– Με συγχωρείτε, θέλω να πάω στο Αρχαιολογικό Μουσείο. Μήπως ξέρετε πού είναι;
– Ναι, αλλά δεν είναι πολύ κοντά.
– Πόσο μακριά είναι;
– Περίπου δεκαπέντε λεπτά με τα πόδια, δέκα με το ταξί.
– Μήπως μπορώ να πάρω λεωφορείο;
– Ναι, αλλά θα περιμένετε αρκετά. Μόλις τώρα έφυγε ένα.
– Τότε θα πάω με τα πόδια. Μπορείτε να μου πείτε πώς να το βρω;
– Να ακολουθήσετε αυτό το δρόμο μέχρι να φτάσετε στον πρώτο δρόμο στα αριστερά. Να στρίψετε αριστερά και να προχωρήσετε μέχρι τα φανάρια, να στρίψετε δεξιά και πάλι αμέσως αριστερά. Το μουσείο είναι στα δεξιά σας πίσω από τα δέντρα.
– Είναι ίσια, δεξιά, αριστερά και ...
– Όχι, είναι ίσια, αριστερά, δεξιά και πάλι αριστερά.
– Α ναι, και το μουσείο είναι στα δεξιά μου.
– Ακριβώς, πίσω από τα δέντρα.

– Ευχαριστώ πολύ.
– Καλή τύχη!
– Ευχαριστώ, γεια σας.

VOCABULARY

με συγχωρείτε   excuse me
το αρχαιολογικό μουσείο   the archaeological museum
κοντά   near, nearby
μακριά   far
το λεπτό   minute
με τα πόδια   on foot
περιμένω   I wait
ακολουθώ   I follow
φτάνω   I arrive
στρίβω   I take a turn
αριστερά   left
δεξιά   right
ο δρόμος   street
τα φανάρια   traffic lights
ίσια   straight on
ακριβώς   exactly
καλή τύχη   good luck

Exercise 89

The questions are in English again! Please answer them in English.

1   Why did the person seeking directions to the museum decide to go on foot?
2   What were the directions?
3   At what point was there a turning to the right?

Exercise 90

It is your turn to give directions to the post office, which is first right, second right, left at the traffic lights and on the left-hand side. The post office is, as I hope you will remember, **το ταχυδρομείο**.

Useful vocabulary – at a post office

ΕΛΛΗΝΙΚΑ ΤΑΧΥΔΡΟΜΕΙΑ (Ελληνικά ταχυδρομεία)   Greek Post Offices αυτόματος πωλητής γραμματοσήμων   stamp dispenser

ταχυδρομική επιταγή   postal order

ΩΡΕΣ ΠΕΡΙΣΥΛΛΟΓΗΣ (ώρες περισυλλογής)   collection times

ΚΑΤΕΠΕΙΓΟΝΤΑ (κατεπείγοντα)   urgent (letters, parcels)

ΔΕΜΑΤΑ (δέματα)   parcels

Lesson 14

65 Passive voice – past

The past tense of the passive voice is used to describe an action which simply occurred in the past. Neither its duration nor recurrence are emphasised.

Present	Past
φοβ-άμαι, φοβ-ούμαι	φοβ-ήθ-ηκα
φοβ-άσαι	φοβ-ήθ-ηκες
φοβ-άται	φοβ-ήθ-ηκε
φοβ-ούμαστε	φοβ-ηθ-ήκαμε
φοβ-άστε	φοβ-ηθ-ήκατε
φοβ-ούνται	φοβ-ήθ-ηκαν
σκοτώ-νομαι	σκοτώ-θ-ηκα
σκοτώ-νεσαι	σκοτώ-θ-ηκες
σκοτώ-νεται	σκοτώ-θ-ηκε
σκοτω-νόμαστε	σκοτω-θ-ήκαμε
σκοτώ-νεστε	σκοτω-θ-ήκατε
σκοτώ-νονται	σκοτώ-θ-ηκαν
δανεί-ζομαι (I borrow)	δανεί-στ-ηκα
δανεί-ζεσαι	δανεί-στ-ηκες
δανεί-ζεται	δανεί-στ-ηκε
δανει-ζόμαστε	δανει-στ-ήκαμε
δανεί-ζεστε	δανει-στ-ήκατε
δανεί-ζονται	δανεί-στ-ηκαν

As you must have observed from the above examples, the past tense in the passive voice has the following endings:

-ηκα	-ήκαμε
-ηκες	-ήκατε
-ηκε	-ηκαν

In addition to these endings other internal changes are apparent in the examples given so far. There are no hard and fast rules governing these, other than getting to know them. The following verbs form their past passive tense like this:

114

Present	Past
τοποθετούμαι (I am placed)	τοποθετήθηκα
παντρεύομαι (I get married)	παντρεύτηκα
σκέφτομαι (I think)	σκέφτηκα
χαίρομαι (I am glad)	χάρηκα
κάθομαι (I sit)	κάθησα
έρχομαι (I come)	ήρθα, ήλθα
γίνομαι (I become)	έγινα
βρίσκομαι (I find myself)	βρέθηκα
αισθάνομαι (I feel)	αισθάνθηκα
παρουσιάζομαι (I appear)	παρουσιάστηκα
ανακαλύπτομαι (I am discovered)	ανακαλύφτηκα
δέχομαι (I accept)	δέχτηκα
χρειάζομαι (I need)	χρειάστηκα
λυπούμαι (I am sorry)	λυπήθηκα

Παρουσιάστηκε* ο Γιάννης στην πόρτα.
John appeared at the door.

Ήρθαν* ψες χωρίς προειδοποίηση.
They came last night without warning.

Η Αμερική ανακαλύφτηκε από τον Κολόμβο.
America was discovered by Columbus.

* Both these verbs are passive in Greek but not in English.

Exercise 91

The verbs **θυμάμαι** (I remember) and **κοιμάμαι** (I sleep) form their past tense like **φοβάμαι**. The first persons in the past tense are given; now give the rest.

θυμήθηκα   κοιμήθηκα

Exercise 92

The verbs **μοιράζομαι** (I share) and **επιβιβάζομαι** (I go on board) form their past tense like **δανείζομαι**. The first persons in the past tense are given; complete the rest.

μοιράστηκα   επιβιβάστηκα

Exercise 93

The sentences below are in the imperfect tense, describing a habit or continuation of the action over a period of time. Change them so that they describe an action which simply occurred in the past (i.e. use the past tense).

1 Ο Νίκος δεν παντρευότανε στην εκκλησία.
2 Χαιρόμουν τον ήλιο.
3 Δεν αισθανόταν καλά.
4 Δανειζόσαστε πολλά λεφτά;
5 Με συμβουλευόταν συχνά.
6 Καθόμουν στην αίθουσα αναμονής και κοίταζα τους επιβάτες.
7 Παρουσιάζονταν πολλές γυναίκες με πολλά παιδιά και βαλίτσες.
8 Μήπως χρειαζόσουν βοήθεια;
9 Γίνονταν συχνές ερωτήσεις.
10 Ήσαστε στο αυτοκίνητο;

66 Diminutives

We have already come across examples of diminutives in previous lessons, e.g. το τσαντάκι, το βαλιτσάκι. These are frequently used, in particular on mainland Greece, to denote small size or endearment. They are particularly common in speech.

A number of different endings are added to the noun. The **-άκι** ending is usually added to form neuter nouns. Examples:

η τσάντα (bag)   το τσαντ-άκι (purse)
ο καφές (coffee)   το καφεδ-άκι (small coffee)

The **-ούλα, -ούλης** endings are added according to the gender of the noun, i.e. whether feminine or masculine. Examples:

η βάρκα (boat)   η βαρκ-ούλα (small boat)
η μητέρα (mother)   η μητερ-ούλα (dear mother)
ο πατέρας (father)   ο πατερ-ούλης (dear father)

The **-ίτσα** ending is attached to feminine nouns. Examples:

η ώρα (the hour)   μια ωρίτσα (only a little hour)

It would not be totally unexpected in Athens to be faced with a waiter insisting that what you really want is:

Μια σαλατίτσα με λίγη ντοματίτσα και αγγούρι, λίγο ψωμάκι, λίγο κρασάκι μαζί με τα παϊδάκια σας τα οποία πρέπει να φάτε με πατατίτσες. Μήπως θέλετε και λίγο γιαουρτάκι;

VOCABULARY

η σαλάτα – σαλατίτσα   salad
η ντομάτα – ντοματίτσα   tomato
το αγγούρι   cucumber
το ψωμί – το ψωμάκι   bread
το κρασί – το κρασάκι   wine
τα παϊδάκια   cutlets
η πατάτα   potato
οι πατατίτσες   chips
το γιαούρτι – γιαουρτάκι   yogurt

READING PRACTICE

The short account that follows is that given by **ένας νευρικός κύριος** (an irritable man) brought before a judge on a charge of assaulting a lady fellow passenger.

– Ήμαστε μέσα στο τραμ. Εδώ εγώ, αυτή εκεί. Καθόμουν απέναντί της, καθόταν απέναντί μου. Έρχεται ο εισπράκτορας, της ζητά το εισιτήριο. Ανοίγει τη μεγάλη τσάντα, βγάζει το μικρό τσαντάκι, κλείνει τη μεγάλη τσάντα, ανοίγει το μικρό τσαντάκι, βγάζει τα λεφτά, κλείνει το μικρό τσαντάκι, ανοίγει τη μεγάλη τσάντα, βάζει μέσα το μικρό τσαντάκι, κλείνει τη μεγάλη τσάντα, δίνει τα λεφτά στον εισπράκτορα.
   Της δίνει ο εισπράκτορας το εισιτήριο. Ανοίγει τη μεγάλη τσάντα, βγάζει το μικρό τσαντάκι, κλείνει τη μεγάλη τσάντα, ανοίγει το μικρό τσαντάκι, βάζει μέσα το εισιτήριο, κλείνει το μικρό τσαντάκι ανοίγει τη μεγάλη τσάντα, βάζει το μικρό τσαντάκι, κλείνει τη μεγάλη τσάντα.
   Της δίνει ο εισπράκτορας τα ρέστα. Τα παίρνει. Ανοίγει τη μεγάλη τσάντα, βγάζει το μικρό τσαντάκι, κλείνει τη μεγάλη τσάντα, ανοίγει το μικρό τσαντάκι, βάζει μέσα τα ρέστα, κλείνει το μικρό τσαντάκι, ανοίγει τη μεγάλη τσάντα, βάζει μέσα το μικρό τσαντάκι, κλείνει τη μεγάλη τσάντα.
   Η κυρία συνέχισε να ανοίγει, να κλείνει τσάντα και μικρό τσαντάκι για να βγάλει το καθρεφτάκι της, να κοιταχτεί, να το βάλει πίσω. Μετά έρχεται ο επιθεωρητής και της ζητάει το εισιτήριο. Πάλι ανοίγει, κλείνει τσάντα και μικρό τσαντάκι, βγάζει και βάζει το εισιτήριο, ανοίγει και κλείνει τσάντα και μικρό τσαντάκι ...
– Αθώος! Αθώος! Καλά της έκανες, φώναξε ο κύριος πρόεδρος ιδρωμένος.

VOCABULARY

το τραμ   tram

118

απέναντι   opposite
ο εισπράκτορας   conductor
το εισιτήριο   ticket
ανοίγω   I open
βγάζω   I take out
κλείνω   I close
η τσάντα   bag
το τσαντάκι   purse
βάζω   I put
τα ρέστα   change
παίρνω   I take
συνεχίζω   I continue
το καθρεφτάκι   small mirror
κοιτάζομαι   I look at myself
κοιτάζω   I look at
ο επιθεωρητής   inspector
ζητώ   I ask for
πάλι   again
αθώος,α,ο   innocent
καλά της έκανες   it served her right
φωνάζω   I call, I shout
ο πρόεδρος   president (of the court in this case; note the use of **κύριος** with it)
ιδρωμένος   sweating

Exercise 94

Answer the following in English.

1   Why did the defendant strike his fellow passenger?
2   Why do you think the judge found the defendant innocent?

Exercise 95

The following is an account of the incident by an eye witness. Fill in the missing words. New vocabulary is **χαστουκίζω** (I slap on the face) and **κτλ** (etc.; see next section).

Ένας νευρικός κύριος ... απέναντι σε μια κυρία στο τραμ. Η κυρία άνοιγε και ... τη τσάντα της και το μικρό ... της πρώτα για τα λεφτά για το ..., μετά για να βάλει μέσα τα ρέστα ..., για να βγάλει το ... και να κοιταχτεί, να το ... στη τσάντα της, να ... το εισιτήριό της ... ... επιθεωρητή κτλ. Ο νευρικός ... θύμωσε και χαστούκισε την κυρία. Ο κύριος πρόεδρος βρήκε τον κύριο ... «Καλά της ...» του είπε.

67 Abbreviations

We have already dealt with some useful abbreviations, e.g. μμ, πμ (Lesson 12) and κτλ (above). Here are a few more, common enough to be encountered frequently.

μμ	μετά το μεσημέρι	pm
πμ	πριν το μεσημέρι	am
κτλ ή κλπ	και τα λοιπά	etc.
πΧ	προ Χριστού	BC
μΧ	μετά Χριστόν	AD
πχ	παραδείγματος χάρη	e.g.
Αρ. ή Αριθ.	Αριθμός	No.
βλ.	βλέπε	see
Κα	κυρία	Mrs
Κος	κύριος	Mr
Δις	δεσποινίς	Miss
δρχ	δραχμές	drachma(s)
ΦΠΑ	Φόρος Προστιθέμενης Αξίας	VAT
χλμ	χιλιόμετρα	km
δηλ	δηλαδή	i.e.
ΤΚ	Ταχυδρομικό Κιβώτιο (in Cyprus)	PO Box
ΤΘ	Ταχυδρομική Θυρίδα (in Greece)	PO Box
ΤΤ	Ταχυδρομικός Τομέας	post code
ΥΓ	Υστερόγραφο	PS
ΗΒ	Ηνωμένο Βασίλειο	UK
ΗΠΑ	Ηνωμένες Πολιτείες Αμερικής	USA
ΕΟΚ	Ευρωπαϊκή Οικονομική Κοινότητα	EEC

Lesson 15

68 Passive voice – future

As was the case with verbs in the active voice, so here in the passive voice; the two future tenses can be more easily understood if seen against the present and past.

Present	Future continuous
φοβάμαι	θα φοβάμαι
φοβάσαι	θα φοβάσαι
φοβάται	θα φοβάται
φοβούμαστε	θα φοβούμαστε
φοβάστε	θα φοβάστε
φοβούνται	θα φοβούνται
σκοτώνομαι	θα σκοτώνομαι
σκοτώνεσαι	θα σκοτώνεσαι
σκοτώνεται	θα σκοτώνεται
σκοτωνόμαστε	θα σκοτωνόμαστε
σκοτώνεστε	θα σκοτώνεστε
σκοτώνονται	θα σκοτώνονται
δανείζομαι	θα δανείζομαι
δανείζεσαι	θα δανείζεσαι
δανείζεται	θα δανείζεται
δανειζόμαστε	θα δανειζόμαστε
δανείζεστε	θα δανείζεστε
δανείζονται	θα δανείζονται

Examples:

Θα έρχομαι να σε βλέπω συχνά.   I will come to see you often.
Θα κάθονται ήσυχα όλη μέρα.   They will sit quietly all day.
Αύριο θα βρίσκονται στο Λονδίνο.   They will be in London tomorrow.

Past	Future simple
φοβήθ-ηκα	θα φοβηθ-ώ
φοβήθ-ηκες	θα φοβηθ-είς
φοβήθ-ηκε	θα φοβηθ-εί
φοβηθ-ήκαμε	θα φοβηθ-ούμε
φοβηθ-ήκατε	θα φοβηθ-είτε
φοβήθ-ηκαν	θα φοβηθ-ούν

σκοτώθ-ηκα	θα σκοτωθ-ώ
σκοτώθ-ηκες	θα σκοτωθ-είς
σκοτώθ-ηκε	θα σκοτωθ-εί
σκοτωθ-ήκαμε	θα σκοτωθ-ούμε
σκοτωθ-ήκατε	θα σκοτωθ-είτε
σκοτώθ-ηκαν	θα σκοτωθ-ούν
δανείστ-ηκα	θα δανειστ-ώ
δανείστ-ηκες	θα δανειστ-είς
δανείστ-ηκε	θα δανειστ-εί
δανειστ-ήκαμε	θα δανειστ-ούμε
δανειστ-ήκατε	θα δανειστ-είτε
δανείστ-ηκαν	θα δανειστ-ούν

Examples:

Δανείστηκε πολλά λεφτά.   He borrowed a great deal of money.

Λυπηθήκαμε πολύ με τα άσχημα νέα.   We were very sorry about the sad news.

Παρουσιάστηκες ξαφνικά και φοβήθηκα.   You appeared suddenly and I got scared.

These tenses are used in exactly the same circumstances as their active voice equivalents, except as dictated by their being passive voice forms of the verb.

READING PRACTICE

The following short passage illustrates the use of the passive voice.

Πώς γίνεται το brandy sour

Χρειάζονται πολύ λίγα υλικά για να ετοιμαστεί το brandy sour. Τα υλικά τοποθετούνται μαζί σ' ένα σέικερ μαζί με τα παγάκια και χτυπούνται καλά. Μετά θα τοποθετηθούν σ' ένα μεγάλο ποτήρι και αφού θα προστεθούν τα κερασάκια και τα φρούτα, το brandy sour θα σερβιριστεί με καλαμάκι.

Exercise 96

Underline the verbs in the previous reading passage which are used in the passive voice. Some of these have an active form. Give this together with the first person singular of the present in the passive, if you know it; if you don't make an 'educated' guess and check your answers against those in the Key to exercises, e.g. **χρειάζομαι** – no active form.

Exercise 97

Give the first person of the future simple and the future continuous of the following verbs, e.g. τοποθετούμαι – θα τοποθετηθώ, θα τοποθετούμαι. (You will find their past tense in Lesson 14, Section 65.)

1	κάθομαι	5	έρχομαι
2	ανακαλύπτομαι	6	σκέφτομαι
3	χαίρομαι	7	δέχομαι
4	λυπούμαι	8	βρίσκομαι

69 Passive voice – infinitive

Once you have mastered the 'infinitive' construction in the active voice (Lesson 8, Section 43) you will find that the infinitive in the passive is formed in a similar way. It is also used to express purpose and it has both a simple form and a form expressing continued or repetitive action.

Future continuous	Infinitive (continuous)
θα φοβάμαι	να φοβάμαι
θα φοβάσαι	να φοβάσαι
θα φοβάται	να φοβάται
θα φοβούμαστε	να φοβούμαστε
θα φοβάστε	να φοβάστε
θα φοβούνται	να φοβούνται
θα δανείζομαι	να δανείζομαι
θα δανείζεσαι	να δανείζεσαι
θα δανείζεται	να δανείζεται
θα δανειζόμαστε	να δανειζόμαστε
θα δανείζεστε	να δανείζεστε
θα δανείζονται	να δανείζονται

Examples:

Δε θέλουμε να φοβόμαστε το σκοτάδι.   We don't want to be afraid of the dark.

Ζήτησαν να τοποθετούνται τα γράμματα στο γραμματοκιβώτιο.   They asked for the letters to be placed in the letterbox.

Προτιμούμε να δανειζόμαστε λίγα λεφτά.   We prefer to borrow a little money.

Future simple	Infinitive (simple)
θα φοβηθώ	να φοβηθώ
θα φοβηθείς	να φοβηθείς
θα φοβηθεί	να φοβηθεί
θα φοβηθούμε	να φοβηθούμε
θα φοβηθείτε	να φοβηθείτε
θα φοβηθούν	να φοβηθούν
θα δανειστώ	να δανειστώ
θα δανειστείς	να δανειστείς
θα δανειστεί	να δανειστεί
θα δανειστούμε	να δανειστούμε
θα δανειστείτε	να δανειστείτε
θα δανειστούν	να δανειστούν

Examples:

Θέλει να παντρευτεί τη Μαρία. He wants to marry Maria.

Προτιμούν να παρουσιαστούν στην τηλεόραση. They prefer to appear on television.

Βγήκα στον κήπο να σκεφτώ. I went out into the garden to think.

Exercise 98

Give both infinitives of the following verbs:

1	κάθομαι	5	τοποθετούμαι
2	σκέφτομαι	6	χαίρομαι
3	δέχομαι	7	λυπούμαι
4	γίνομαι	8	σκοτώνομαι

Exercise 99

The verbs are given in brackets in the following sentences. Use the correct infinitive. New words are **αποφασίζω** (I decide) and **οι εκλογές** (the elections).

1 Θέλουμε (είμαι) εδώ.
2 Δέχτηκαν (παρουσιάζομαι) μπροστά στο δικαστήριο.
3 Σκέφτεσαι (έρχομαι) συχνά;
4 Όχι, προτιμώ (έρχομαι) μόνο μια φορά.
5 Ήλθαν στην Ελλάδα (παντρεύομαι).
6 Αποφασίστηκε (γίνομαι) εκλογές.

READING PRACTICE

Ενοικιάσεις αυτοκινήτων

Όταν είστε στην Ελλάδα μπορείτε να ενοικιάσετε αυτοκίνητο αν είστε άνω των 21 χρονών και έχετε άδεια οδήγησης για ένα χρόνο. Η βενζίνη που χρησιμοποιείται πληρώνεται από τον ενοικιαστή. Η ασφάλεια που προσφέρεται καλύπτει μόνο τρίτα πρόσωπα. Πλήρης ασφάλεια προσφέρεται για ένα επιπρόσθετο ποσό. Μπορείτε να παραλάβετε και να επιστρέψετε το αυτοκίνητό σας όπου θέλετε αλλά θα πρέπει να πληρώσετε περισσότερα.

Οι τιμές ενοικίασης αυτοκινήτων εξαρτώνται από το αυτοκίνητο. Είναι πέντε κατηγορίες αυτοκινήτων και οι τιμές είναι μεταξύ των 4700 και 9000 δραχμών την ημέρα ή μεταξύ των 30 000 και 80 000 δραχμών την εβδομάδα.

Συνήθως ζητείται από τον πελάτη να πληρώσει το ποσό όταν παραλάβει το αυτοκίνητο εκτός αν η πληρωμή γίνει με πιστωτική κάρτα.

VOCABULARY

η ενοικίαση   hire, renting
ενοικιάζω   to hire, to rent
ο ενοικιαστής   hirer
άνω   over
η άδεια οδήγησης   driving licence
οδηγώ   I drive
χρησιμοποιώ   I use
η ασφάλεια   insurance
προσφέρω   I offer
καλύπτω   I cover
το τρίτο πρόσωπο   third party (person)
η πλήρης ασφάλεια   comprehensive insurance
επιπρόσθετος,η,ο   additional
το ποσό   amount
παραλαμβάνω   I take delivery
επιστρέφω   I return
πληρώνω   I pay
περισσότερος,η,ο   more
η τιμή   price
εξαρτώμαι   I depend
η κατηγορία   class

Exercise 100

Answer the following questions in Greek.

1 Μπορείς να ενοικιάσεις αυτοκίνητο στην Ελλάδα όταν είσαι 18 χρονών;
2 Τι πρέπει να έχεις για ένα χρόνο για να μπορείς να ενοικιάσεις αυτοκίνητο;
3 Έχουν ασφάλεια τα αυτοκίνητα που ενοικιάζονται στην Ελλάδα;
4 Πόσο πληρώνει κανείς για ένα μικρό αυτοκίνητο;
5 Πληρώνεται η βενζίνη από τον πελάτη ή από την ασφάλεια;
6 Ποια είναι η τιμή ενοικίασης μεγάλων αυτοκινήτων για μια εβδομάδα;
7 Έχετε αυτοκίνητο δικό σας;
8 Έχετε ποτέ ενοικιάσει αυτοκίνητο;
9 Έχετε ποτέ οδηγήσει στο εξωτερικό;

Exercise 101

Place the accents in the following brief narrative.

Στην Αγγλια, οταν φθασει κανενας τα 17 του χρονια μπορει να παρει αδεια οδηγησης. Μπορει τοτε να οδηγει, πρεπει ομως να εχει ασφαλεια και ... αυτοκινητο η να μπορει να οδηγει το αυτοκινητο καποιου αλλου οπως πχ της μητερας η του πατερα του η ενος καλου φιλου.

Lesson 16

70 Passive voice – imperative

As in the active voice, this form of the verb is used to issue a command or to forbid action, either on a specific occasion or as a general command for an unspecified time. You will be helped in understanding how this imperative is formed if you remind yourself of the present and future simple tenses (see Sections 58 and 68).

70.1 Imperative (continuous)

Present tense	Imperative (continuous)
φοβάμαι	
φοβάσαι	none
φοβάται	
φοβούμαστε	
φοβάστε	none
φοβούνται	
σκοτώνομαι	
σκοτώνεσαι	none
σκοτώνεται	
σκοτωνόμαστε	
σκοτώνεστε	σκοτώνεστε
σκοτώνονται	
δανείζομαι	
δανείζεσαι	none
δανείζεται	
δανειζόμαστε	
δανείζεστε	none
δανείζονται	

The imperative in this tense is rarely used and many verbs do not have this form at all. Instead, the word **να** is used with the present tense form of the verb:

να φοβάσαι/να φοβάστε
να σκοτώνεσαι/να σκοτώνεστε
να δανείζεσαι/να δανείζεστε

126

Examples:

Να δανείζεστε λεφτά όταν τα χρειάζεστε.   Borrow money when you need
   to.
Να χτενίζεσαι το πρωί.   Comb your hair in the morning.
Να σηκώνεσαι νωρίς.   Get up early.
Να έρχεστε ακριβώς στην ώρα.   Come exactly on time.

70.2 The Imperative (simple)

The imperative used in relation to a specific occasion is, however, more
common in the passive.

Future simple	Imperative (simple)
θα φοβηθώ	
θα φοβηθείς	none
θα φοβηθεί	
θα φοβηθούμε	
θα φοβηθείτε	φοβηθ-είτε
θα φοβηθούν	
θα σκοτωθώ	
θα σκοτωθείς	σκοτώ-σου
θα σκοτωθεί	
θα σκοτωθούμε	
θα σκοτωθείτε	σκοτωθ-είτε
θα σκοτωθούν	
θα δανειστώ	
θα δανειστείς	δανεί-σου
θα δανειστεί	
θα δανειστούμε	
θα δανειστείτε	δανειστ-είτε
θα δανειστούν	

Only the imperative in the singular differs from the future simple form and
ends in **-ου**. The following are verbs in the passive form and their (simple)
imperatives.

Present tense	Future simple	Imperative (simple)
τοποθετούμαι	θα τοποθετηθώ	τοποθετή-σου/τοποθετηθείτε
παντρεύομαι	θα παντρευτώ	παντρέ-ψου/παντρευτείτε
σκέφτομαι	θα σκεφτώ	σκέ-ψου/σκεφτείτε
χαίρομαι	θα χαρώ	—/χαρείτε
κάθομαι	θα καθίσω	κάθι-σε/καθίστε
έρχομαι	θα έρθω (θα έλθω)	έλ-α/ελάτε

γίνομαι	θα γίνω	γίν-ε/γίνετε
βρίσκομαι	θα βρεθώ	—/βρεθείτε
αισθάνομαι	θα αισθανθώ	—/αισθανθείτε
παρουσιάζομαι	θα παρουσιαστώ	παρουσιά-σου/παρουσιαστείτε
ανακαλύπτομαι	θα ανακαλυφτώ	—/ανακαλυφτείτε
δέχομαι	θα δεχτώ	δέ-ξου/δεχτείτε
χρειάζομαι	θα χρειαστώ	χρειά-σου/χρειαστείτε
λυπούμαι	θα λυπηθώ	λυπή-σου/λυπηθείτε

The endings which are underlined differ from those discussed earlier in this section. The rules are complicated and at this stage it is easier just to remember the particular instances where this occurs and what form it takes. Examples:

Προσδεθείτε   Fasten your seat belts
A term you may come across if you fly Olympic or Cyprus Airways. It comes from **προσδένομαι** (I tie myself up).
Καθίστε, παρακαλώ.   Sit down, please.
Σκέψου το καλύτερα.   Think it over more.

Exercise 102

Translate into Greek the following short sentences. Each offers the opportunity to use one of the two imperatives outlined above. The most essential words you need are provided.

1 You both think it over.   (σκέφτομαι)
2 Come in please.   (έρχομαι μέσα)
3 Accept my proposal.   (δέχομαι, η πρόταση)
4 Get up at once.   (σηκώνομαι, αμέσως)
5 Come to see me often.   (έρχομαι, βλέπω, συχνά)
6 Don't be afraid of the dog.   (φοβούμαι, ο σκύλος)
7 Don't get married so early.   (παντρεύομαι, τόσο νωρίς)
8 Take pity on me.   (λυπούμαι)
9 Borrow as much as you like, I don't care.   (δανείζομαι, όσα, τα λεφτά, δε με νοιάζει)

READING PRACTICE

Μακριά από το πλήθος   Far from the crowds

Πάμε διακοπές; Ναι, αλλά πού; Το κείμενο που ακολουθεί έχει σκοπό να σας βγάλει από μερικές δύσκολες καταστάσεις, που μπορεί να σας στοιχίσουν χρόνο και χρήμα και να σας χαλάσουν ό, τι ωραιότερο έχετε να προσμένετε στους υπόλοιπους έντεκα μήνες του χρόνου.
    Συμβουλή: Προσπαθήστε να πάτε διακοπές σε μέρος όπου δε διατρέχετε τους ακόλουθους κινδύνους.

* Να φθάσετε φορτωμένοι κάπου, νύχτα, και να μη βρίσκετε πού να κοιμηθείτε.

* Να μη βρείτε πού να φάτε και να πάρετε μόνο σουβλάκι στο χέρι.

* Να μη μπορείτε να απλωθείτε στην παραλία, αφού το κεφάλι σας θα ακουμπά στα πόδια του πίσω και τα δικά σας πόδια στο κεφάλι ή τα πλευρά του μπροστινού.

Πολλαπλασιάστε το πρόβλημα όταν έχετε και οικογένεια, γυναίκα, παιδιά, πεθερά και θα αντιληφθείτε σαφώς τι εννοούμε. Αν πάλι επιμένετε να πάτε εκεί που εμείς σας λέμε όχι, τότε αλλάξετε την άδειά σας.

Προτιμήστε για το φαγητό ένα εστιατόριο ή ταβέρνα και μη δοκιμάσετε θαλασσινά. Όλα τα ψάρια είναι εισαγωγής, όλα είναι κατεψυγμένα αλλά πωλούνται σαν ντόπια και φρέσκα και σε ψηλές τιμές.

VOCABULARY

οι διακοπές holidays
αλλά but
το κείμενο text
ακολουθώ I follow
ο σκοπός purpose
βγάζω I take out, off
δύσκολος,η,ο difficult
κατάσταση situation
στοιχίζω I cost
χαλώ I spoil
προσμένω I wait for
υπόλοιπος,η,ο the rest
η συμβουλή advice
προσπαθώ I try
η κατάσταση situation
χαλώ I spoil
διατρέχω I run (the danger)
ο κίνδυνος danger
φορτωμένος,η,ο loaded
κοιμούμαι I sleep
το σουβλάκι kebab
τρώω (τρώγω) στο χέρι I eat standing up (literally: in the hand)
απλώνομαι I spread
η παραλία beach
ακουμπώ I lean against
πίσω back, behind
μπροστινός,ή,ό the one at the front
τα πλευρά sides
η οικογένεια family

η πεθερά   mother-in-law
αντιλαμβάνομαι   I understand
σαφώς   clearly
εννοώ   I mean
επιμένω   I insist
η άδεια   leave (time off work)
η εισαγωγή   import, entry
κατεψυγμένος,η,ο   frozen
ντόπιος,α,ο   of home, local
φρέσκος,α,ο   fresh
ψηλός,ή,ό   tall, high
η τιμή   price

Exercise 103

Underline the verbs in the passage which are in the passive voice. Give their present tense form.

Exercise 104

Answer the following questions in Greek.

1 Πότε πρέπει να πηγαίνει κανένας διακοπές;
2 Τι σας συμβουλεύει να μην κάνετε;
3 Πώς απλώνεται κανείς το καλοκαίρι στην παραλία;
4 Τι είναι τα ψάρια το καλοκαίρι;
5 Πού πρέπει να τρώει κανείς;

71 Passive voice – present perfect

The same principles apply to the use and formation of this tense as those applying to the same tense in the active voice (Lesson 10, Section 50). We use the third person singular of the future simple preceded by έχω.

έχω φοβηθεί	έχουμε φοβηθεί
έχεις φοβηθεί	έχετε φοβηθεί
έχει φοβηθεί	έχουν φοβηθεί
έχω δανειστεί	έχουμε δανειστεί
έχεις δανειστεί	έχετε δανειστεί
έχει δανειστεί	έχουν δανειστεί

Examples:

Έχει δοκιμαστεί η αποφασιστικότητά του.   His determination has been put to the test.

Έχει ταχυδρομηθεί η επιστολή;   Has the letter been posted?

Δεν έχουν δοθεί εξηγήσεις.   No explanations have been given.

72 Passive voice – past perfect

Once again there are similarities in the use and formation of the past perfect in the passive and the active, already discussed (Lesson 10, Section 51). It is used to refer to an action which preceded another in the past.

είχα φοβηθεί	είχαμε φοβηθεί
είχες φοβηθεί	είχατε φοβηθεί
είχε φοβηθεί	είχαν φοβηθεί
είχα δανειστεί	είχαμε δανειστεί
είχες δανειστεί	είχατε δανειστεί
είχε δανειστεί	είχαν δανειστεί

Examples:

Είχαμε κουραστεί από το θόρυβο κι έτσι φύγαμε νωρίς.
We had tired of the noise and so left early.

Είχαν φαγωθεί όλα τα ψάρια πριν να φθάσουμε.
All the fish had been eaten before we arrived.

Exercise 105

Give in full the present and past perfect of the following verbs.

αισθάνομαι   χαίρομαι   παντρεύομαι

Exercise 106

The following sentences have been split up. Match them correctly.

1	Δεν έχει παρουσιαστεί	αλλά ούτε εσύ είχες έρθει ούτε η Νίκη.
2	Περίμενα μέχρι τις 10πμ	έχει γίνει.
3	Τίποτα δεν	πενικιλίνη;
4	Πού είχε ανακαλυφτεί η	κανένας να ζητήσει το τσαντάκι.
5	Μήπως έχει	με τα νέα σας.
6	Έχω λυπηθεί πολύ	βρεθεί το ρολόι μου;

132

READING PRACTICE

Στην καθαριότητα λέμε ναι!   We say yes to cleanliness!

Το ΜΕΤΡΟ αποφάσισε – εδώ και λίγο καιρό – να καθαρίσει τους λογαριασμούς του με την ... καθαριότητα! Μακάρι το ωραίο του παράδειγμα να το ακολουθούν κι άλλοι.

Η διοίκηση πριν πάρει τη σκούπα και το σφουγγάρι να απαλείψει τα συνθήματα και τις εξυπνάδες στα βαγόνια και τους σταθμούς, έκανε μια προσπάθεια «δημοσίων σχέσεων».

Και επειδή οι δράστες κατά 90% είναι η νεολαία που γεμίζει τα βαγόνια μόλις αδειάσει τα γήπεδα, τοποθετήθηκαν στα βαγόνια και στους σταθμούς αφισέτες με γελοιογραφίες με το σύνθημα: «Ναι στα καθαρά βαγόνια!».

Θα πείσουν όμως; Στο επόμενο ματς θα δούμε!

VOCABULARY

η καθαριότητα   cleanliness
καθαρίζω   I clean
το μετρό   the underground
αποφασίζω   I decide
μακάρι   may (it be)
το παράδειγμα   example
ακολουθώ   I follow
η διοίκηση   management
η σκούπα   broom
το σφουγγάρι   sponge
απαλείφω   I wipe out
το σύνθημα   slogan
η εξυπνάδα   cleverness
το βαγόνι   coach
ο σταθμός   station
η προσπάθεια   attempt
οι δημόσιες σχέσεις   public relations
ο δράστης   culprit
η νεολαία   youth
γεμίζω   I fill
αδειάζω   I empty
το γήπεδο   football pitch
η αφισέτα   advertisement poster
η γελοιογραφία   cartoon
πείθω   I persuade
επόμενος,η,ο   next
το ματς   match

Exercise 107

Explain in a short paragraph *in English* what the management of the Athens underground is trying to do in its advertising campaign.

Useful vocabulary – travelling

ΕΚΔΟΣΕΙΣ ΕΙΣΙΤΗΡΙΩΝ   ticket office
ΚΥΛΙΟΜΕΝΕΣ ΣΚΑΛΕΣ   escalators
ΘΥΡΟΤΗΛΕΦΩΝΟ   intercom (telephone by the door)
ΚΑΘΗΜΕΡΙΝΕΣ ΑΝΑΧΩΡΗΣΕΙΣ   daily departures
ΕΚΔΟΤΗΡΙΟ ΕΙΣΙΤΗΡΙΩΝ ή
ΑΥΤΟΜΑΤΑ ΕΚΔΟΤΗΡΙΑ   ticket dispensing machines
ΑΣΤΙΚΟΣ ΝΟΜΙΣΜΑΤΟΔΕΚΤΗΣ   coin-operated public telephone for local calls
ΥΠΕΡΑΣΤΙΚΟΣ ΝΟΜΙΣΜΑΤΟΔΕΚΤΗΣ   coin-operated public telephone for long-distance calls
ΜΟΝΟ ΕΙΣΟΔΟΣ   entrance only
ΜΟΝΟ ΕΞΟΔΟΣ   exit only
ΤΙΜΟΛΟΓΙΟ ΕΙΣΙΤΗΡΙΩΝ   ticket price list
ΤΙΜΗ ΕΙΣΙΤΗΡΙΟΥ   ticket prices
ΚΑΡΤΑ ΑΠΕΡΙΟΡΙΣΤΩΝ ΔΙΑΔΡΟΜΩΝ   card for unlimited travel
ΟΔΗΓΙΕΣ ΧΡΗΣΕΩΣ   instructions for use
ΦΟΙΤΗΤΙΚΟ ΕΙΣΙΤΗΡΙΟ   student tickets
το απλό εισιτήριο   one-way ticket
το εισιτήριο με επιστροφή   return ticket
ΧΩΡΙΣ ΕΙΣΠΡΑΚΤΟΡΑ   without conductor
ΣΤΑΣΗ   stop

Exercise 108

Copy the above list in capital and lower case letters and place the accents on the correct syllable. You can check what you have done with the Key to exercises, e.g. **Στάση.**

Ελπίζουμε να βρήκατε τα μαθήματα αυτού του βιβλίου όχι μόνο χρήσιμα αλλά και ευχάριστα και, κάποτε, ίσως και διασκεδαστικά. Αν έχετε εισηγήσεις για μελλοντικές εκδόσεις, μη διστάσετε να τις στείλετε στον εκδοτικό οίκο «Hugo's Language Books». Σας ευχόμαστε καλή και ευχάριστη μελέτη.

Θα βρείτε τη μετάφραση αυτής της σελίδας στην επόμενη. Προτιμήστε όμως να προσπαθήσετε να καταλάβετε όσο το δυνατόν περισσότερα πριν συμβουλευτείτε την επόμενη σελίδα.

Translation of the Greek on the previous page

We hope that you have found the lessons in this book not only useful but also pleasant and, at times, amusing. If you have any suggestions for future publications, do not hesitate to send these to 'Hugo's Language Books'. We wish you rewarding and pleasant study.

This is the translation of most of the contents of the last page. We hope you have already persisted with the Greek text before consulting this page.

Key to exercises

(See also pages 150-160)

LESSON 1

Exercise 4: 1 άνοιξη 2 Αύγουστος 3 Μάρτιος 4 Ιούλιος, Ιούνιος
5 Φεβρουάριος 6 χειμώνας 7 Ιούνιος 8 Δεκέμβριος

Exercise 5: 1 Ιούλιος 2 Οκτώβριος 3 χειμώνας 4 Ιούνιος
5 άνοιξη 6 Μάρτιος 7 Νοέμβριος 8 φαΐ 9 τσάι 10 καλοκαίρι

Exercise 6: 1 Αύγουστος 2 Μάιος 3 φαΐ 4 τσάι 5 χειμώνας
6 άνοιξη

Exercise 7: 1 Σεπτέμβριος 2 Απρίλιος 3 Μάιος 4 φθινόπωρο 5 Τρίτη
6 Νοέμβριος 7 καλοκαίρι 8 Κυριακή 9 Ιούνιος 10 Σάββατο
11 Δευτέρα 12 φαΐ

Exercise 8: 1 Ιανουάριος 2 καλοκαίρι 3 Δευτέρα 4 Ελλάδα
5 Ελληνικά 6 χειμώνας 7 τσάι

LESSON 2

Exercise 9: 1 ο Μάρτιος 2 η άνοιξη 3 ο Δεκέμβριος 4 ο μήνας 5 η
μέρα 6 το Σάββατο

Exercise 10: 1 μια 2 ένας 3 μια

Exercise 11

- Καλησπέρα.
- Κρασί, παρακαλώ.
- Άσπρο.
- Γλυκύ.
- Όχι, ένα μπουκάλι.

- Το λογαριασμό παρακαλώ.
- Πόσο κάνει;
- Ευχαριστώ.

- Καληνύχτα.

LESSON 3

Exercise 12: 1 η ντομάτα 2 το κέντρο 3 το μπουκάλι 4 η Άννα 5 ο
φίλος 6 η μπουκάλα 7 το παγωτό 8 ο χειμώνας 9 το φαΐ 10 η
άνοιξη 11 η αδερφή 12 η Δευτέρα 13 η φίλη 14 ο αδερφός 15 το
Σάββατο 16 το όνομα

Exercise 13: 1 η εποχή, την εποχή, εποχή 2 η νίκη, τη νίκη, νίκη 3 η Μαρία, τη Μαρία, Μαρία 4 ο αδερφός, τον αδερφό, αδερφέ 5 ο μήνας, το μήνα, μήνα 6 ο επιβάτης, τον επιβάτη, επιβάτη 7 το κρασί, το κρασί, κρασί 8 το κέντρο, το κέντρο, κέντρο

Exercise 14: 1 Ο μαθητής, η μαθήτρια 2 Το παγωτό 3 Η Ελένη 4 Ο άντρας 5 Το γκαρσόνι 6 Η δεσποινίς Μαρία

Exercise 15: 1 πορτοκαλάδα, λεμονάδα, κρασί, καφέ 2 το λογαριασμό 3 αγόρι 4 μαθήτρια 5 το όνομά

Exercise 16: 1 Έλα Ελένη 2 Έλα παιδί 3 Έλα φίλε 4 Έλα κυρία 5 Έλα κύριε 6 Έλα αδερφή

Exercise 17: 1 το παγωτό 2 το φίλο 3 το χειμώνα 4 την άνοιξη 5 το κρασί 6 τη φίλη 7 τη ντομάτα 8 το φθινόπωρο

Exercise 18: 1 δεσποινίς/κυρία Ελένη 2 κύριε Σωτήρη 3 κυρία/ δεσποινίς Νίκη 4 κύριε Γιώργο 5 κύριε Αντρέα

Exercise 19: 1 οι μαθήτριες 2 η γυναίκα 3 τους φίλους 4 τις φίλες 5 οι ντομάτες 6 τα κρασιά 7 τους λογαριασμούς 8 τις μπουκάλες 9 τα παγωτά 10 τα ποτήρια

Exercise 20: 1 μαθήτριες 2 κυρίες 3 παιδιά 4 μαθητές 5 ντομάτα 6 Αντρέας, λογαριασμό

Exercise 21: 1 τα μαλλιά 2 τα μάτια 3 η μύτη 4 το στόμα 5 ο λαιμός 6 τα αυτιά

Exercise 22: 1 δωμάτια 2 η καφετιρία 3 σύστημα 4 ξενοδοχείο, προσωπικό

Exercise 23

– Ο Πέτρος, ο Γιώργος.
– Χαίρω πολύ.

LESSON 4

Exercise 24

ζητώ	ζητούμε
ζητάς	ζητάτε
ζητά	ζητούν

Exercise 25

παρακαλώ	παρακαλούμε
παρακαλείς	παρακαλείτε
παρακαλεί	παρακαλούν

Exercise 26

1 Αγαπώ τη Μαρία.
  Αγαπώ τη Μαρία.
2 Ο Γιώργος πίνει κρασί.
  Ο Γιώργος πίνει κρασί.
3 Το προσωπικό είναι ευχάριστο.
  Το προσωπικό είναι ευχάριστο.
4 Το ξενοδοχείο έχει εστιατόριο.
  Το ξενοδοχείο έχει εστιατόριο.
5 Το δωμάτιο έχει μπάνιο και σύστημα κλιματισμού.
  Το δωμάτιο έχει μπάνιο και σύστημα κλιματισμού.
6 Ο κύριος και η δεσποινίς πληρώνουν το λογαριασμό.
  Ο κύριος και η δεσποινίς πληρώνουν το λογαριασμό.

(All sentences are the same whether they refer to (a) or (b) because the present tense in Greek is used to describe both actions.)

Exercise 27: 1 – Τι θέλετε; 2 – Τι λέτε; 3 – Θέλετε κρασί; 4 – Αγαπάτε τη Μαρία; 5 – Έχετε δωμάτιο σε ξενοδοχείο; 6 – Είστε από την Ελλάδα; 7 – Θέλετε έναν καφέ κύριε;

Exercise 28

- Καλησπέρα.
- Έχω κλείσει δωμάτιο.
- Ναι, δίκλινο με μπάνιο.
- James Brown.
- Ναι.
- Ευχαριστώ.

LESSON 5

Exercise 29

κοίταζα	κοιτάζαμε
κοίταζες	κοιτάζατε
κοίταζε	κοίταζαν
έσπρωχνα	(ε)σπρώχναμε
έσπρωχνες	(ε)σπρώχνατε
έσπρωχνε	έσπρωχναν

Exercise 30

προχωρούσα	προχωρούσαμε
προχωρούσες	προχωρούσατε
προχωρούσε	προχωρούσαν
προτιμούσα	προτιμούσαμε
προτιμούσες	προτιμούσατε
προτιμούσε	προτιμούσαν

140

Exercise 31: 1 Αγαπούσαμε τη Μαρία. 2 Διαβάζαμε εφημερίδα.
3 Αλλαζε τα παπούτσια. 4 Κοίταζαν το δωμάτιο. 5 Θύμωνα στην
Ελένη. 6 Κάπνιζα τσιγάρο. Την Κυριακή κάπνιζα πούρο. 7 Είχατε δυο
αδερφούς; 8 Ζητούσα μια φίλη. 9 Προτιμούσατε τη μπίρα.
10 Προχωρούσα.

Exercise 32

– Καλημέρα.
– Εχετε αγγλικές εφημερίδες;
– Ποιες αγγλικές εφημερίδες έχετε;
– Ευχαριστώ, πόσο κάνει;
– Ευχαριστώ.

Exercise 33: 1 Δεν   2 Οχι   3 Μην   4 Δε   5 δεν   6 δεν   7 δεν

Exercise 34: 1 Η κυρία   2 Ο κύριος   3 «Κυρία μου, τη σειρά σας».
4 Είναι στην ουρά. Δεν είναι στο λεωφορείο.

LESSON 6

Exercise 35

έφυγα	(ε)φύγαμε
έφυγες	(ε)φύγατε
έφυγε	έφυγαν
κοίταξα	κοιτάξαμε
κοίταξες	κοιτάξατε
κοίταξε	κοίταξαν

Exercise 36

Verbs in the imperfect tense:
είχε – I asked for today's edition of a newspaper but he did not have one.
διάβαζε, περίμενε – A gentleman was reading a newspaper as he was waiting
for the bus.
Verbs in the past tense:
πήγα – This morning I went to the kiosk for a newspaper.
ζήτησα – I asked for today's edition of a newspaper but he did not have one.
αγόρασα – So I bought yesterday's *Times*.

Exercise 37: 1 πήγα, Ηταν   2 Αγόρασα, είχε   3 είναι   4 ζήτησα,
αγόρασα   5 πηγαίνεις   6 Θέλω

Exercise 38

1 – ένα
20 – είκοσι
6 – έξι
13 – δεκατρία

15 – δεκαπέντε
47 – σαράντα επτά
10 – δέκα
8 – οκτώ
74 – εβδομήντα τέσσερα
90 – ενενήντα

Exercise 39: 1 Τα πρατήρια βενζίνης πωλούν βενζίνη και πετρέλαιο. 2 Ναι, έχουν υπαλλήλους. 3 Από το πρατήριο βενζίνης. 4 Εγώ χρησιμοποιώ βενζίνη σούπερ.

Exercise 40

– Πόσο κάνει;
– Τα ρέστα σας.

LESSON 7

Exercise 41: 1 της Μαρίας 2 του αυτοκινήτου 3 της νοσοκόμας 4 του λεωφορείου 5 της δραχμής 6 του παιδιού, σοκολάτας 7 διασκεδάσεως

Exercise 42: 1 bus, των λεωφορείων 2 doctor, των γιατρών 3 telephone, των τηλεφώνων 4 wine, των κρασιών 5 customer (man), των πελατών 6 customer (woman), των πελάτισσων 7 drachma, των δραχμών 8 lawyer, των δικηγόρων 9 teacher (woman), των δασκάλων 10 nurse, των νοσοκόμων 11 litre, των λίτρων 12 (petrol) station, των πρατηρίων 13 car, των αυτοκινήτων

Exercise 43: 1 του κυρίου 2 του εστιατορίου 3 του ξενοδοχείου 4 της Άννας 5 του παιδιού/των παιδιών 6 κλιματισμού 7 της κυρίας 8 του χρόνου

Exercise 44: 1 Θα τρώει παγωτό. 2 Θα πηγαίνει στον κήπο. 3 Θα χαζεύει τα μαγαζιά.

Exercise 45: 1 τα πουλιά 2 σοκολάτα 3 κάθε απόγευμα 4 ο κόσμος

Exercise 46

– Συγγνώμη./ Με συγχωρείτε.
– Με συγχωρείτε κύριε.
– Το βιβλίο σας.

Exercise 47: Ένας άντρας ξέχασε το βιβλίο του. Τον φώναξα αλλά πρώτα δεν άκουσε. Μετά πήρε το βιβλίο και με ευχαρίστησε.

Exercise 48: 1 του διαβατηρίου 2 τσάντα 3 παγωτό 4 της, της 5 «Μάλιστα Κύριε Πρωθυπουργέ»

142

Exercise 49: 1 ξεχνούσα – θα ξεχνώ 2 φώναζα – θα φωνάζω 3 άκουα – θα ακούω 4 έπαιρνα – θα παίρνω 5 έβλεπα – θα βλέπω 6 σημείωνα – θα σημειώνω 7 έχανα – θα χάνω

LESSON 8

Exercise 50: 1 Sunny but windy. 2 Yes, in the afternoon. 3 Early autumn or late spring. 4 Ο Νότιος Πόλος, ο δυτικός άνεμος.

Exercise 51: 1 θα γράψω 2 θα γράφω 3 Θα δοκιμάσει 4 Δε θα δοκιμάζει 5 θα θυμώσει 6 Θα κόψουμε

Exercise 52: μας, εμένα, μας, Του, μας, μας

Exercise 53

ο κεφτές	οι κεφτέδες
του κεφτέ	των κεφτέδων
τον κεφτέ	τους κεφτέδες
κεφτέ	κεφτέδες
ο ψαράς	οι ψαράδες
του ψαρά	των ψαράδων
τον ψαρά	τους ψαράδες
ψαρά	ψαράδες

Exercise 54: 1 Spiros' friend, Kosmas, had invited them. 2 They found a lovely house and garden and many people, but no wine or goat's meat. 3 It was suggested that they go to a local taverna for dinner.

Section 44: να τρώγω

Exercise 55: 1 πήγαν 2 κάλεσε, πιουν 3 εξοχή 4 μια

Exercise 56: μου, της, της, μας

LESSON 9

Exercise 57: 1 Δοκίμασε 2 γράφε 3 σπρώχνετε 4 είσαι 5 Πήγαινε 6 Κοίταξε 7 σταθμεύετε

Exercise 58: 1 εξοχική ταβέρνα 2 ζεστός καφές 3 ευχάριστο προσωπικό 4 γαλανός ουρανός 5 λίγα τσιγάρα 6 ωραία μέρα 7 κρύο ούζο 8 κόκκινο αυτοκίνητο 9 βιαστικοί κύριοι 10 γαλανή θάλασσα 11 βόρειοι άνεμοι 12 πράσινος κήπος

Exercise 59: 1 με 2 μαζί με 3 χωρίς 4 από 5 μαζί με 6 σ(το) 7 Σε

Exercise 60

– Μη βάλετε σόδα και κερασάκι, παρακαλώ.
– Ένα ουίσκυ χωρίς παγάκια και σόδα, παρακαλώ.

Exercise 61: Βάζετε, παγάκια, μαζί, νερό

LESSON 10

Exercise 62

έχω αγοράσει	έχω αποφασίσει	έχω οδηγήσει
έχεις αγοράσει	έχεις αποφασίσει	έχεις οδηγήσει
έχει αγοράσει	έχει αποφασίσει	έχει οδηγήσει
έχουμε αγοράσει	έχουμε αποφασίσει	έχουμε οδηγήσει
έχετε αγοράσει	έχετε αποφασίσει	έχετε οδηγήσει
έχουν αγοράσει	έχουν αποφασίσει	έχουν οδηγήσει

Exercise 63

είχα φωνάξει	είχα χτυπήσει
είχες φωνάξει	είχες χτυπήσει
είχε φωνάξει	είχε χτυπήσει
είχαμε φωνάξει	είχαμε χτυπήσει
είχατε φωνάξει	είχατε χτυπήσει
είχαν φωνάξει	είχαν χτυπήσει

Exercise 64: 1 Έχουν φύγει 2 Είχαν τελειώσει 3 Έχω αγοράσει 4 Δεν είχαν καπνίσει 5 Είχε χτυπήσει

Exercise 65: Mr Dimitriou has a house at Piraeus Street and two big dogs. The dogs love being in our garden. Mr Dimitriou went away suddenly one evening and left the dogs in the street to bark.

1 Ο κύριος Δημητρίου. 2 Στην οδό Πειραιώς. 3 Τα σκυλιά γάβγιζαν.

Exercise 66

1 A man kept getting telephone calls which were not intended for him. One of these came from a lady who insisted that he had a caravan for sale. She then wrongly assumed that the caravan belonged to a friend of his and demanded to know the price. She was upset when the misunderstanding was eventually cleared up and it was established that the man she had been talking to had no connection with an advert for a caravan.
2 Σε πήρα στο τηλέφωνο πολλές φορές ψες. Το τηλέφωνο χτυπούσε αλλά δεν απαντούσες.

LESSON 11

Exercise 67: 1 δώδεκα και είκοσι πέντε 2 τρεις και δεκαπέντε, τρεις και τέταρτο 3 τέσσερις και σαράντα πέντε, πέντε παρά τέταρτο 4 μια μετά το μεσημέρι 5 έντεκα και πέντε 6 πέντε και πενήντα πέντε, έξι παρά πέντε 7 δύο και τριάντα τρία, τρεις παρά είκοσι επτά 8 έξι και επτά 9 οκτώ και μισή πριν το μεσημέρι 10 εννέα, εννιά 11 επτά και σαράντα, οκτώ παρά είκοσι

144

Exercise 68

- Τι ώρα είναι;
- Είναι ακριβώς οχτώ και μισή.
- Ξέρετε τι ώρα φεύγει το λεωφορείο για τον Πειραιά;
- Όχι, δεν ξέρω, αλλά νομίζω φεύγει στις εννιά παρά τέταρτο.
- Μπορώ να αγοράσω εισιτήριο στο λεωφορείο;
- Ναι αλλά είναι καλύτερα να το αγοράσετε εδώ πριν μπείτε στο λεωφορείο. Έχετε σχεδόν δέκα λεπτά πριν φύγει το λεωφορείο.

Exercise 69: 1 σ(τις)   2 πριν   3 μετά   4 και, παρά   5 και   6 για   7 από   8 Με, Μαζί με   9 Με   10 μετά

Exercise 70: 1 Πρέπει να αποφασίσεις.   2 Μπορώ να αγοράσω ένα χάρτη από το περίπτερο; 3 Βρέχει δυνατά και να πάρεις ένα ταξί.   4 Δεν είναι δυνατόν να φύγουμε τώρα.   5 Πρόκειται να φθάσουν αύριο το πρωί. 6 Μπορεί να χιονίσει απόψε, κάνει κρύο.

Exercise 71

Είναι δυνατόν να φτάσει με την ...
It is is possible that he will be arriving ...
Πρόκειται να φτάσει με την ...
He is expected to arrive ...
Πρέπει να φτάσει με την ...
He must arrive ...
Φαίνεται θα φτάσει ...
It seems he will arrive ...

Exercise 72:   The Demosthenous family arrived at Larnaca airport with too much luggage. As a result they had to pay £100 for excess baggage – something Mr Demosthenous obviously thought ought to be blamed on his wife. She did not even dare buy any duty-free goods before departure.

Exercise 73:   1 ΕΛΕΓΧΟΣ ΑΣΦΑΛΕΙΑΣ   2 ΕΛΕΓΧΟΣ ΑΠΟΣΚΕΥΩΝ 3 ΑΦΟΡΟΛΟΓΗΤΑ   4 ΕΛΕΓΧΟΣ ΔΙΑΒΑΤΗΡΙΩΝ   5 ΑΦΙΞΕΙΣ 6 ΑΝΑΧΩΡΗΣΕΙΣ   7 ΣΤΑΘΜΟΣ ΤΡΕΝΟΥ   8 ΡΟΛΟΙ

Exercise 74: 1 η συνοδός   2 ο γιατρός   3 η δασκάλα   4 ο ταξιτζής   5 ο δικηγόρος   6 η υπάλληλος   7 ο δάσκαλος   8 ο αστυφύλακας   9 το γκαρσόνι

Exercise 75

ο Σταθμός τρένου	τα Εσωτερικά δρομολόγια
το Λεωφορείο	οι Πτήσεις εξωτερικού
η Στάση λεωφορείου	το Δελτίο αφίξεως
ο Υπόγειος σιδηρόδρομος	ο Αριθμός πτήσης
το Μετρό	ο Υγειονομικός έλεγχος
η Έκδοση εισιτηρίων	η Δήλωση συναλλάγματος

οι Πληροφορίες
οι Κρατήσεις ξενοδοχείων
τα Είδη προς δήλωση
Ουδέν προς δήλωση
ο Τελωνειακός έλεγχος
η Τράπεζα

τα Αφορολόγητα
οι Επιβάτες πρώτης θέσης
οι Διερχόμενοι επιβάτες
η Αναζήτηση αποσκευών
ο Έλεγχος εισιτηρίων
ο Έλεγχος επιβατών και αποσκευών

LESSON 12

Exercise 76: 1 Τόση 2 Εκείνος 3 τόσα 4 αυτό 5 αυτού

Exercise 77: 1 Φοβάται 2 Σκοτώνεται 3 Καθόμαστε 4 Απαγορεύεται

Exercise 78: είναι, επιβιβάζονται, βρίσκονται, τοποθετούνται

Exercise 79: 1 είκοσι πέντε αυτοκίνητα 2 τρία παιδιά 3 δώδεκα λεωφορεία 4 εννιά/εννέα κιλά 5 χίλιες πεντακόσες δραχμές 6 ένα εκατομμύριο, πεντακόσες χιλιάδες 7 πέντε εκατομμύρια, εφτακόσιες χιλιάδες, εξακόσα πενήντα δολλάρια 8 τετρακόσα ογδόντα τρία χιλιόμετρα 9 εκατό τρεις άντρες 10 τέσσερα ξενοδοχεία 11 πέντε και μισή/και τριάντα πριν το μεσημέρι (πμ) 12 δεκαοκτώ λίτρα βενζίνη 13 τρεις χιλιάδες, οκτακόσια εβδομήντα πέντε 14 τρεις χιλιάδες άνθρωποι 15 πεντακόσες εξήντα επτά λίρες 16 οκτώ χιλιάδες εξακόσες εβδομήντα επτά

Exercise 80: 1 δέκα τοις εκατόν 2 εκατόν τοις εκατόν 3 είκοσι τρία τοις εκατόν 4 εβδομήντα πέντε τοις εκατόν 5 σαράντα πέντε, εξήντα οκτώ 6 τρία, σαράντα τέσσερα, είκοσι δύο 7 ογδόντα εννιά/εννέα, εξήντα τέσσερα, έντεκα 8 μηδέν, τριάντα τρία, έξι, πενήντα ένα, εξήντα πέντε

Exercise 81

1 5.33 am
2 03 7 14 11
3 8%
4 12 midnight
5 18%
6 44 75
7 £8 025
8 1 350 000 drachmas

Exercise 82: 1 Οι τράπεζες είναι ανοιχτές από τις οκτώ και μισή μέχρι τις δώδεκα το μεσημέρι. 2 Θα πάμε στο «Συνάλλαγμα». 3 Θα μας δώσουν τα χρήματα στο ταμείο. 4 Ο/Η υπάλληλος θα μας ζητήσει το διαβατήριο και τη διεύθυνσή μας.

Exercise 83

– Μπορώ να αλλάξω μερικές στερλίνες παρακαλώ;
– Θα ήθελα (θέλω) να αλλάξω εκατό στερλίνες.

146

– Η διεύθυνσή μου είναι: ξενοδοχείο Αριάδνη, δωμάτιο τρακόσα δεκατρία.
– Τι ώρα κλείνετε;

LESSON 13

Exercise 84

θυμόμουν	θυμόμαστε
θυμόσουν	θυμόσαστε
θυμόταν	θυμόνταν

Exercise 85: 1 εμείς παντρευόμαστε/παντρευόμαστε 2 αυτή λυπάται/ λυπόταν 3 εσείς σκέφτεστε/σκεφτόσαστε 4 αυτοί είναι/ήταν 5 αυτό χαίρεται/χαιρόταν 6 Η Μαρία κάθεται/καθόταν

Exercise 86: 1 φωτογραφίζομαι 2 περιβάλλομαι 3 επαναλαμβάνομαι 4 κοιτάζομαι 5 φιλοξενούμαι 6 περιτριγυρίζομαι

Exercise 87

1 (a) 1ος όροφος	(b) 1o αυτοκίνητο	(c) 1η εφημερίδα
2 (a) 13ος όροφος	(b) 13o αυτοκίνητο	(c) 13η εφημερίδα
3 (a) 24ος όροφος	(b) 24o αυτοκίνητο	(c) 24η εφημερίδα
4 (a) 30ος όροφος	(b) 30o αυτοκίνητο	(c) 30η εφημερίδα
5 (a) 55ος όροφος	(b) 55o αυτοκίνητο	(c) 55η εφημερίδα
6 (a) 100ος όροφος	(b) 100o αυτοκίνητο	(c) 100η εφημερίδα
7 (a) 42ος όροφος	(b) 42o αυτοκίνητο	(c) 42η εφημερίδα
8 (a) 3ος όροφος	(b) 3o αυτοκίνητο	(c) 3η εφημερίδα
9 (a) 97ος όροφος	(b) 97o αυτοκίνητο	(c) 97η εφημερίδα

Dates: ημερομηνία γέννησης, ημερομηνία άφιξης

Exercise 88: 1 31η Ιουνίου χίλια εφτακόσια ογδόντα 2 6η Δεκεμβρίου χίλια εξακόσια πενήντα 3 14η Φεβρουαρίου χίλια εννιακόσια ογδόντα οκτώ 4 1η Απριλίου χίλια εννιακόσια πενήντα πέντε 5 28η Οκτωβρίου χίλια εννιακόσια σαράντα 6 25η Μαρτίου χίλια οκτακόσια είκοσι ένα

Exercise 89: 1 Because the bus had just left. 2 Straight on, turn left, then right and left again. 3 Turn right at the traffic lights.

Exercise 90: Ο πρώτος δρόμος δεξιά, ο δεύτερος δεξιά, στα φανάρια αριστερά και το ταχυδρομείο θα είναι στα αριστερά.

LESSON 14

Exercise 91

θυμήθηκα	κοιμήθηκα
θυμήθηκες	κοιμήθηκες
θυμήθηκε	κοιμήθηκε

146

θυμηθήκαμε	κοιμηθήκαμε
θυμηθήκατε	κοιμηθήκατε
θυμήθηκαν	κοιμήθηκαν

Exercise 92

μοιράστηκα	επιβιβάστηκα
μοιράστηκες	επιβιβάστηκες
μοιράστηκε	επιβιβάστηκε
μοιραστήκαμε	επιβιβαστήκαμε
μοιραστήκατε	επιβιβαστήκατε
μοιράστηκαν	επιβιβάστηκαν

Exercise 93: 1 Ο Νίκος δεν παντρεύτηκε στην εκκλησία. 2 Χάρηκα τον ήλιο. 3 Δεν αισθάνθηκε καλά. 4 Δανειστήκατε πολλά λεφτά. 5 Με συμβουλεύτηκε. 6 Κάθησα στην αίθουσα αναμονής και κοίταζα τους επιβάτες. 7 Παρουσιάστηκαν πολλές γυναίκες με πολλά παιδιά και βαλίτσες. 8 Μήπως χρειάστηκες βοήθεια; 9 Έγιναν ερωτήσεις. 10 Ήσαστε στο αυτοκίνητο;

Exercise 94

1 The defendant struck his fellow passenger because he could no longer tolerate the constant opening and closing of her handbag and purse.
2 Because he was equally exasperated listening to the defendant's account of the incident.

Exercise 95: καθόταν, έκλεινε, τσαντάκι, εισιτήριο, της, καθρεφτάκι, βάλει, βγάλει, για τον, κύριος, αθώο, έκανες.

LESSON 15

Exercise 96

Verb	Passive voice	Active voice
γίνεται	γίνομαι	none
χρειάζονται	χρειάζομαι	none
ετοιμαστεί	ετοιμάζομαι	ετοιμάζω
τοποθετούνται	τοποθετούμαι	τοποθετώ
χτυπούνται	χτυπούμαι	χτυπώ
θα τοποθετηθούν	τοποθετούμαι	τοποθετώ
θα προστεθούν	προστίθεμαι	προσθέτω
θα σερβιριστεί	σερβίρομαι	σερβίρω

Exercise 97

Verb	Future simple	Future continuous
1 κάθομαι	θα καθήσω	θα κάθομαι
2 ανακαλύπτομαι	θα ανακαλυφτώ	θα ανακαλύπτομαι
3 χαίρομαι	θα χαρώ	θα χαίρομαι
4 λυπούμαι	θα λυπηθώ	θα λυπούμαι

148

5 έρχομαι	θα έρθω	θα έρχομαι
6 σκέφτομαι	θα σκεφτώ	θα σκέφτομαι
7 δέχομαι	θα δεχτώ	θα δέχομαι
8 βρίσκομαι	θα βρεθώ	θα βρίσκομαι

Exercise 98

Verb	Infinifive (simple)	Infinitive (continuous)
1 κάθομαι	να καθήσω	να κάθομαι
2 σκέφτομαι	να σκεφτώ	να σκέφτομαι
3 δέχομαι	να δεχτώ	να δέχομαι
4 γίνομαι	να γίνω	να γίνομαι
5 τοποθετούμαι	να τοποθετηθώ	να τοποθετούμαι
6 χαίρομαι	να χαρώ	να χαίρομαι
7 λυπούμαι	να λυπηθώ	να λυπούμαι
8 σκοτώνομαι	να σκοτωθώ	να σκοτώνομαι

Exercise 99: 1 να είμαστε 2 να παρουσιαστούν 3 να έρχεσαι 4 να έρθω 5 να παντρευτούν 6 να γίνουν

Exercise 100: 1 Όχι, πρέπει να είσαι είκοσι ενός χρονών. 2 Πρέπει να έχεις άδεια οδήγησης. 3 Η ασφάλεια καλύπτει μόνο τρίτα πρόσωπα. 4 Περίπου χίλιες εφτακόσιες δραχμές. 5 Η βενζίνη πληρώνεται από τον πελάτη. 6 Η τιμή ενοικίασης μεγάλων αυτοκινήτων για μια εβδομάδα είναι ογδόντα χιλιάδες δραχμές. 7 Ναι, έχω δικό μου αυτοκίνητο / Όχι, δεν έχω δικό μου αυτοκίνητο. 8 Ναι, έχω ενοικιάσει / Όχι, δεν έχω ενοικιάσει. 9 Ναι, έχω οδηγήσει έξω από το ΗΒ / Όχι, δεν έχω οδηγήσει έξω από το ΗΒ.

Exercise 101: Στην Αγγλία, όταν φθάσει κανένας τα 18 του χρόνια μπορεί να πάρει άδεια οδήγησης. Μπορεί τότε να οδηγεί, πρέπει όμως να έχει ασφάλεια και ... αυτοκίνητο ή να μπορεί να οδηγεί το αυτοκίνητο κάποιου όπως πχ της μητέρας ή του πατέρα του ή ενός φίλου.

LESSON 16

Exercise 102: 1 Σκεφτείτε το. 2 Ελάτε μέσα, παρακαλώ. 3 Δεχτείτε την πρότασή μου. 4 Σήκω αμέσως. 5 Να έρχεσαι να με βλέπεις συχνά. 6 Μη φοβάσαι το σκύλο. 7 Μην παντρευτείς τόσο γρήγορα. 8 Λυπήσου με. 9 Δανείσου όσα θέλεις, δε με νοιάζει.

Exercise 103: κοιμηθείτε – κοιμούμαι, απλωθείτε – απλώνομαι, αντιληφθείτε – αντιλαμβάνομαι, πωλούνται – πωλούμαι

Exercise 104: 1 Άλλη εποχή από το καλοκαίρι. 2 Μην πάτε διακοπές σε μέρος όπου διατρέχετε τον κίνδυνο να μην βρείτε πού να κοιμηθείτε, να φάτε και να ξαπλωθείτε στην παραλία. 3 Με το κεφάλι να ακουμπά στα πόδια του πίσω και τα δικά σας πόδια στο κεφάλι ή στα πλευρά του πισινού. 4 Είναι κατεψυγμένα. 5 Σε ένα εστιατόριο ή σε μια ταβέρνα.

Exercise 105

Present perfect	Past perfect
έχω αισθανθεί	είχα αισθανθεί
έχεις αισθανθεί	είχες αισθανθεί
έχει αισθανθεί	είχε αισθανθεί
έχουμε αισθανθεί	είχαμε αισθανθεί
έχετε αισθανθεί	είχατε αισθανθεί
έχουν αισθανθεί	είχαν αισθανθεί
έχω χαρεί	είχα χαρεί
έχεις χαρεί	είχες χαρεί
έχει χαρεί	είχε χαρεί
έχουμε χαρεί	είχαμε χαρεί
έχετε χαρεί	είχατε χαρεί
έχουν χαρεί	είχαν χαρεί
έχω παντρευτεί	είχα παντρευτεί
έχεις παντρευτεί	είχες παντρευτεί
έχει παντρευτεί	είχε παντρευτεί
έχουμε παντρευτεί	είχαμε παντρευτεί
έχετε παντρευτεί	είχατε παντρευτεί
έχουν παντρευτεί	είχαν παντρευτεί

Exercise 106: 1 Δεν έχει παρουσιαστεί κανένας να ζητήσει το τσαντάκι. 2 Περίμενα μέχρι τις 10 πμ αλλά ούτε εσύ είχες έρθει ούτε η Νίκη. 3 Τίποτα δεν έχει γίνει. 4 Πού είχε ανακαλυφτεί η πενικιλίνη; 5 Μήπως έχει βρεθεί το ρολόι μου; 6 Έχω λυπηθεί πολύ με τα νέα σας.

Exercise 107: The management of the Athens underground is trying to encourage young people to keep the underground clean. In order to do this, they are using humorous posters with a slogan 'Yes to clean coaches'.

Exercise 108

Εκδόσεις εισιτηρίων	Μόνο είσοδος
Κυλιόμενες σκάλες	Μόνο έξοδος
Θυροτηλέφωνο	Τιμολόγιο εισιτηρίων
Καθημερινές αναχωρήσεις	Τιμή εισιτηρίου
Εκδοτήριο εισιτηρίων	Κάρτα απεριόριστων διαδρομών
Αυτόματα εκδοτήρια	Οδηγίες χρήσεως
Αστικός νομισματοδέκτης	Φοιτητικό εισιτήριο
Υπεραστικός νομισματοδέκτης	Χωρίς εισπράκτορα

Appendix

Reading practice

It is summer, August.
It is evening but it is hot.
It is cold in winter.
A year has twelve months but a week has seven days.
(Mr) George has a child, Sotiris, and a wife, (Mrs) Maria.

Reading practice: At the coffee shop

'Good morning.'
'Good morning.'
'One coffee, please.'
'Sweet or without sugar?'
'No, medium sweet, please.'
'Straight away... It's hot today.'
'Yes, it is hot, but it is August.'
'Yes.'

'A medium sweet coffee.'
'Thank you. Is it hot?'
'Yes, it is hot.'
'Thank you.'

'The bill, please.'
'At once.'
'How much is it?'
'A hundred drachmas, please.'
'Thank you.'

Exercise 11

'Good evening.'
'White, red or rosé?'
'Sweet or dry?'
'A glass of wine?'
'No,...'
'Straight away.'

'At once.'
'A hundred drachmas, please.'
'Good night.'

LESSON 3

Reading practice: The hotel

The hotel has many rooms. Every room has a bath. All rooms have air conditioning. The restaurant and the cafeteria are on the ground floor. The staff are friendly and the atmosphere pleasant.

LESSON 4

Exercise 27: 1 What do you want? 2 What do you say? 3 Do you want wine? 4 Do you love Maria? 5 Do you have a room at a hotel? 6 Are you from Greece? 7 Do you want a coffee, sir?

Reading practice

'Good morning.'
'Good morning. Do you have rooms?'
'Yes, we do. How many rooms do you want?'
'One room with a bath, please.'
'A double room?'
'Yes.'
'How many days do you want it for?'
'Just for one week.'
'We have a double room with a bathroom on the second floor.'
'OK.'
'Your name please?'
'Alice Georgiou.'
'And your passport, please.'
'Here it is.'
'Your key. Your room is No. 12 on the second floor.'
'Thank you.'
'Not at all.'

Exercise 28

'Good evening.'
'A double room?'
'Your name, please.'
'Your passport, please.'
'Your room is on the first floor. Your key.'
'Not at all.'

LESSON 5

Exercise 31 1 We love Maria. 2 I am reading a newspaper now. 3 He is changing shoes. 4 They are looking at the room. 5 I am telling Helen off. 6 I am smoking a cigarette now. On Sunday I smoke a cigar. 7 You have two brothers. 8 I am looking for a friend. 9 You prefer beer. 10 I am moving forward.

Exercise 32

'Good morning.'
'Yes, we have two English newspapers.'
'The *Times* and the *Telegraph*; which one do you want?'
'The *Times*, please. Is it today's?'
'No, it is yesterday's. Here you are.'
'Thank you.'
'A hundred drachmas please.'
'Here you are.'
'Your change.'

Reading practice: The queue

There are many people in a hurry and the queue for the bus is long. A well-dressed gentleman is reading a newspaper. A lady, also well dressed, is in a hurry. She looks at the queue in front of her and is agitated; the man is reading the newspaper. The bus arrives and everybody moves on. But the gentleman is not in a hurry. He folds the newspaper and looks around. The lady is in a hurry, she pushes the gentleman.
'Madam, (wait) your turn.'
'I am in a hurry, you are not.'
'I am in a hurry, you have no manners.'
'Don't speak like that, sir; I forbid it.'
'What are you saying, madam?'
'I forbid it, sir.'
The bus leaves without the gentleman and the lady.

Exercise 34: 1 Who is in a hurry? 2 Who is reading a newspaper? 3 What does the man say? 4 Where are the man and the woman? Are they on the bus?

LESSON 6

Section 28: Examples

This morning I went to the kiosk for an English newspaper. I asked for today's newspaper but there wasn't one. So I bought yesterday's *Times*.

A man was reading a newspaper while waiting for the bus. A lady in a hurry pushed him. The man became angry and then began to argue. In the meantime, the bus left without the well-dressed gentleman and the lady who was in a hurry.

Exercise 37: 1 Yesterday I went to the kiosk and bought many English newspapers. They were expensive. 2 I bought stamps for England from the post office. The hotel did not have any. 3 In Greece, night clubs, tavernas and restaurants are open until morning. 4 At the bookshop I asked for a dictionary and a map. They did not have a dictionary but I bought a map. 5 'Where do you go everyday on the bus?' 'I go to the shops.' 6 'What do you want?' 'I want a packet of cigarettes.'

Reading practice

Petrol stations usually have one or two attendants to serve drivers. Few stations are self-service. You ask the attendant for the petrol and you pay without having to leave your car. Petrol stations sell 2 star and 4 star petrol and diesel.
'Yes please?'
'Petrol, please.'
'4 star or 2 star?'
'4 star.'
'How much do you want?'
'Twenty litres.'
'Certainly.'

Exercise 39: 1 What do petrol stations sell? 2 Do petrol stations have attendants? 3 Where do you buy petrol or diesel? 4 What petrol do you use: 4 star or 2 star?

Exercise 40

'Four hundred drachmas.'
'Here you are.'
'Your ...'
'Thank you. Bye.'
'Bye. Bon voyage.'

LESSON 7

Exercise 43: 1 The gentleman's newspaper is 'To Vima'. 2 The restaurant staff are pleasant. 3 Hotel staff in Greece are helpful. 4 Anna's car is big. 5 The child's/children's shouts are loud. 6 Our house does not have air conditioning. 7 The lady's name is Helen. 8 January is the first month of the year.

Reading practice

In the summer I will be eating a lot of ice cream. I will buy a chocolate ice cream every afternoon, I will go to the park and I will eat it watching the birds, the ducks in the water and the people walking to and fro. Then I will return home slowly, looking at the shops.

Exercise 44: 1 What will he/she eat in the summer? 2 Where will he/she be going every afternoon? 3 What will he/she look at?

Reading practice

'Yes, Miss?'
'I have lost my bag, officer.'
'Your bag, Miss?'
'Yes, my bag, officer. In it were all my money, my credit cards, my passport...'
'How much money did you have in your bag, Miss?'
'Approximately eight thousand drachmas.'

'And your passport, Miss, was it British?'

'Yes, it was British.'

'Can you remember its number?'

'Unfortunately not. Its number was in my notebook and my notebook was in my bag together with my passport.'

'Where and how did you lose your bag, Miss?'

'You see, officer, I was sitting on a bench in the park eating an ice cream. My bag was next to me. When I finished my ice cream, I left and forgot my bag. When, after some minutes, I returned to the bench, my bag was not there.'

'I will take down your name, Miss, and your address and I hope to find your bag.'

'Do you think so, officer?'

'Yes I do, Miss, I do.'

Exercise 46

– Excuse me...

– Yes?

– My book?

– Yes, it is your book, isn't it?

– Ah yes, thank you.

LESSON 8

Reading practice

Attica will have sunshine and wind tomorrow. The winds will be moderate, from the north. The temperature will be a little lower than yesterday's. In the rest of Greece the weather will be fair in the morning, but in the afternoon there will be rain. In the west and east the winds will be moderate, from the north. The temperature will be between 17 and 33 degrees.

Exercise 52

Philip and I went to the taverna. We ordered meze and freshly cooked fish. First of all they brought us the meze – bread, tsatsiki, salad, olives, cheese and much else besides. For me they also brought meat balls since I like them very much. The waiter recommended white wine to us. We asked for a small bottle because we do not like wine much. The waiter also brought us a jug of water.

Reading practice: Wine and barrel

'Come with me and we will have an unforgettable day.'

'Where are we going to spend the unforgettable day, Spiros?'

'We will go to a friend's house.'

'And who is this friend?'

'He is Kosmas. I think you know him. I have introduced him to you.'

'And where is Kosmas' house?'

'In the country. He invited me to try his new wine. He will have goat's meat with the wine.'

Now the truth is that I like wine very much and I like goat's meat even more. So I decided to go.

The day arrived. I took some sweets with me and we set off. The house was superb, the garden a dream and there were lots of people. Spiros' friend welcomed us and looked at us sadly.

'Both the wine and the goat's meat were good. However, both are finished. Go to a nice tavern to have something to eat', said Kosmas.

Exercise 56

My friend and I went to Athina's house to look at it and to try her sweets. Both were excellent. When we left, we took with us sweets from Athina.

LESSON 9

Reading practice: COCKTAILS The princes of summer

Cocktails were discovered by the ancient Greeks. The rarely drank straight wine. They mixed it with other products like honey, cinnamon, lavender and other flavours. These were the first cocktails. One can prepare cocktails with many drinks and can add fruit, spices, sugar, pepper. This recipe is for a single drink.

Recipe for brandy sour

Ingredients
2–3 ice cubes	2 teaspoons of sugar
5 centilitres of brandy	1 slice of orange
1.5 centilitres of orange juice	3 small cherries
1.5 centilitres of lemon juice	soda

Break up the ice and put it in a shaker with the brandy, the fruit juices and sugar. Shake well and put in a big glass. Add the fruit, small cherries and top up with soda. Serve with a straw.

Exercise 60

You have asked for a cocktail. Tell the barman not to add soda and cherry.

You want another drink. Ask for one whisky without ice and without soda.

LESSON 10

Reading practice: You, we and the telephone

Every morning after I drink my milk and wash my teeth I begin to wonder. 'When will it ring? Who will they want to speak to? Me? Someone else? How many times will I ring Helen and find myself speaking to the Ministry of Foreign Affairs? Who will tell me "I have been phoning but you would not answer", while I was at home all day?'

During the last few days I have had frequent calls.
'Good morning to you.'

'Good morning to you.'
'Are you selling a caravan?'
'Unfortunately I am not selling a caravan.'
'What did you say? You are not selling a caravan?'
'No madam, I am not selling a caravan.'
'Have you changed your mind?'
'No, perhaps you have the wrong number. Someone is selling a caravan but that someone is not me.'
'How much is he selling it for?'
'Pardon?'
'How much is he selling the caravan for?'
'But I don't know the man.'
'You said that someone is selling a caravan.'
'Yes, but I don't know him. What can I do?'
'You tell me the price.'
'I don't know the price, madam. I don't know who has the caravan.'
'Then why didn't you say so from the start?'
I am wondering whether I shouldn't see a doctor!

LESSON 11

Dialogue

'Excuse me, do you happen to know at what time the train is leaving for Salonika?'
'I think a train leaves every hour but I don't know exactly what time. Perhaps the next one is leaving at a quarter past two.'
'Do you happen to know how long the train journey takes between Athens and Salonika?'
'Unfortunately not. However, it is a quarter past two and perhaps you should hurry to get a ticket and run to catch the train. Usually it leaves on time.'
'I am running. Bye-bye.'
'Bye, bon voyage.'

Reading practice: At the airport

The Demosthenous family arrived at Larnaca Airport early with their luggage. They were four, their luggage consisted of fourteen pieces. The taxi driver asked, as he unloaded the tenth suitcase, 'Are you travelling by boat or aeroplane?'

They used four trolleys for their luggage and then they only just managed to fit in all the suitcases, the small suitcases, the bags and the small bags. First they tried to find the departure area but went by mistake to the arrivals area. They pushed their trolleys through the crowds with difficulty but finally they arrived at Departures and proceeded towards the Cyprus Airways check-in desk.

The girl at the check-in glanced at them, looked at the luggage and said

'Your tickets please. How many people are travelling?'

'Us four.'

'Are all the bags yours?'

'Yes, sure.'

'Let's weigh them.'

They weighed them.

'A hundred pounds, please', said the girl after some time.

'Excuse me, we have already paid for our tickets.'

'The hundred pounds are not for your tickets, Sir, they are for your luggage. you have many kilos of excess luggage.'

'Really, Miss.'

'Those are the regulations, Sir.'

Mr Demosthenous looked at Mrs Demosthenous. She stared at the floor. What could Mr Demosthenous do but pay? Fortunately he had his credit card with him.

'Here are your tickets and boarding cards, which you must give to the stewardess before boarding.'

The Demosthenous family went through passport control quietly. At the security check Mr Demosthenous began to look angrily at his silent wife and when they arrived at the waiting room and Mrs Demosthenous showed signs of moving towards the duty-free shops, her husband could no longer contain himself. He just said 'Sit.'

And Mrs Demosthenous sat and stayed there until their flight departure was announced.

LESSON 12

Reading practice: At the bank

The working hours of the banks are usually between 8.30 am and midday. Outside most banks you will see a notice stating the working hours or the hours during which they are open to the public. Often the working hours are not identical to the hours during which the cashier is open, so if you want to change money or travellers' cheques you must go when the cashier is open.

First you must find the sign 'Travellers' Cheques' or 'Foreign Exchange'. You must have your passport with you and the bank clerk will ask you for your address.

He will then ask you to sign a form and ask you to present it to the cashier, where you will be given your money in notes and coins.

The bank will deduct a sum as its commission. Usually the cashiers in tourist hotels and in banks in tourist areas are open on a few afternoons.

Exercise 82: 1 What are the bank opening hours? 2 Where will you go to change pounds sterling? 3 Where will they give you the money? 4 What will the bank clerk ask you for?

LESSON 13

Dialogue

'Excuse me, I want to go the Archaeological Museum. Do you happen to know where it is?'
'Yes, but it is not very near.'
'How far is it?'
'Approximately fifteen minutes on foot, ten by taxi.'
'Can I take the bus?'
'Yes, but you will wait for some time. One has just left.'
'I will go on foot, then. Can you tell me how to find it?'
'Follow this road until you reach the first turning on the left. Turn left and carry on until you get to the traffic lights, turn right and then immediately left. The museum is on your right, behind the trees.'
'It's straight on, right, left and...'
'No, it's straight on, left, right and left again.'
'Oh yes, and the museum is on my right.'
'Exactly, behind the trees.'
'Thank you very much.'
'Good luck!'
'Thank you, bye-bye.'

LESSON 14

Reading practice

'We were in the tram. I was here, she was there. I sat opposite her and she sat opposite me. The conductor arrived and asked for the money for her ticket. She opened her handbag, took out her purse, closed the handbag, opened the purse, took out the money, closed the purse, opened the handbag, put in the purse, closed the handbag and gave the money to the conductor.

The conductor gave her the ticket. She opened the handbag, took out the purse, closed the handbag, opened the purse, put in the ticket, closed the purse, opened the handbag, put in the purse, closed the handbag.

The conductor gave her the change. She took it. She opened the handbag, took out the purse, closed the handbag, opened the purse, put in the change, closed the purse, opened the handbag, put in the purse, closed the handbag.

The lady continued to open and close the handbag and the purse to take out her little mirror, to look in the mirror and to put it back again. Then the ticket inspector arrived and asked her for the ticket. Again she opened, closed the handbag and the purse, took out the ticket, opened and closed the handbag and purse...'

'You are innocent, you are innocent, it served her right', shouted the president (judge) perspiring.

LESSON 15

Reading practice: How to make brandy sour

Only a few ingredients are needed in order to prepare brandy sour. The ingredients are placed in a shaker together with the ice cubes and are shaken well. They will then be placed in a long glass and the cherries and fruit will be added. The brandy sour will be served with a straw.

Reading practice: Car hire

When in Greece, you can hire a car if you are over the age of 21 and have held a driving licence for a year. The petrol used is paid for by the hirer.

The insurance offered covers third party only. Full insurance is offered for an additional sum. You can collect and return your car wherever you want but you must pay extra.

The hire prices depend on the type of car. There are five categories of cars and the prices are between 4 700 and 9 000 drachmas a day or between 30 000 and 80 000 drachmas a week.

The customer is usually asked to pay in advance when collecting the car unless payment is made by credit card.

Exercise 100: 1 Can you hire a car in Greece when you are 18? 2 What must you have for a year in order to be able to hire a car? 3 Are the cars for hire in Greece insured? 4 How much does one pay for a small car? 5 Does the customer or the insurance pay for the petrol? 6 What is the hire price for large cars for a week? 7 Do you have a car of your own? 8 Have you ever hired a car? 9 Have you ever driven outside the UK?

Exercise 101

In England one can get a driving licence when one reaches the age of 17. One can then drive, provided one has insurance and ... a car, or one can drive somebody else's car such as, for example, a car belonging to one's mother or father or to a good friend.

LESSON 17

Reading practice

Shall we go on holiday? Yes, but where? The text which follows aims at preventing you from finding yourself in certain difficult situations, which may cost you in terms of time and money and spoil the most beautiful thing you have to look forward to during the remaining eleven months of the year.

Advice: For your holiday try to go to a place where you will not be in danger of the following.

* Arriving somewhere loaded with the luggage one night and not being able to find a place to sleep.

* Not being able to find somewhere to eat and being forced to eat kebabs while standing up.

* Not being able to stretch out on the beach, since your head will be touching the feet of the person behind you and your feet will be touching the head or sides of the person in front.

Multiply the problem when you have a family – wife, children, mother-in-law – and you will understand clearly what we mean. Again, if you insist on going where we tell you not to, then change your holiday dates.

For food choose a restaurant or tavern and do not try seafood. All fish is imported, frozen, but is sold as local and fresh at high prices.

Exercise 104: 1 When must one go on holiday?   2 What are you advised not to do?   3 How does one stretch out on the beach in summer?   4 What are the fish in summer?   5 Where must one eat?

Reading practice

The Metro has decided recently to settle its differences with... cleanliness. We pray that others will follow its example.

Before taking the brush and sponge to clean the slogans and clever remarks from the trains and stations, the management made an attempt towards public relations.

And since 90% of the culprits are the young who fill the trains as soon as the football pitches empty, posters with cartoons were posted in trains and on the stations bearing the slogan 'Yes to clean trains'.

Will they convince, however? We will see at the next match.

Mini-dictionary

Note: The Mini-dictionary is not intended to offer an exhaustive list of all words used in "Greek in Three Months".

αγάπη, η love
αγαπώ I love
Αγγλία, η England
αγγούρι, το cucumber
αγοράζω I buy
αγόρι, το boy
αγριοκοιτάζω I look angrily
άδεια, η licence, permission
αδειάζω I empty
αδερφή/αδελφή, η sister
αδερφός/αδελφός, ο brother
αέρας, ο wind
αερογραμμή, η airline
αεροδρόμιο, το airport
αερολιμένας, ο airport
αεροπλάνο, το aeroplane
αεροσυνοδός (ο, η) steward, stewardess
Αθήνα, η Athens
Αθηνά, η Athena (name)
αθώος, α, ο innocent
αίθουσα, η room
αίθριος, α, ο fair (weather)
αισθάνομαι I feel
ακολουθώ I follow
ακουμπώ I lean against
ακούω I hear
ακριβός, ή, ό expensive
ακριβώς exactly
αλάτι, το salt
Αλίκη, η Alice
άλλα others
αλλά but
αλλαγή, η change
αλλάζω I change
αμέσως at once, immediately
αναζητώ I seek
ανακαλύπτω I discover
ανακατεύω I stir
ανακοίνωση, η announcement
αναμονή, η waiting
ανατολή, η east (noun)
ανατολικός, ή, ό east (adjective)

αναχώρηση, η departure
αναψυκτικό, το soft drink
ανελκυστήρας, ο lift
άνεμος, ο wind
ανήσυχος, η, ο agitated
άνθρωπος, ο man (mankind)
Αννα, η Ann
ανοίγω I open
ανοικτός, ή, ό open
άνοιξη, η spring
αντί instead
αντιλαμβάνομαι I understand
αντίο bye-bye
άντρας, ο man
Αντρέας, ο Andrew
άνω over
αξέχαστος, η, ο unforgettable
αξία, η value
απαγορεύω I prohibit
απαλείφω I wipe out
απαντώ I reply
απέναντι opposite
απεριόριστος, η, ο unlimited
απλός, ή, ό simple, plain, lower grade petrol
απλώνω I spread
από from
απόγευμα, το afternoon
αποσκευές, οι luggage
αποφασίζω I decide
αποφασιστικότητα, η determination
απόψε tonight
Απρίλης, ο April
Απρίλιος, ο April
αργά late, slowly
αρ., αριθ. No.
αριθμός, ο number
αριστερά left
άρρωστος, η, ο ill, sick
αρτοποιείο, το bakery, making bread
αρτοπωλείο, το bakery, selling bread
αρχαιολογικός, ή, ό archaeological

162

αρχαίος, α, ο ancient
αρχή, η beginning
αρχίζω I begin
άρωμα, το perfume
άσπρος, η, ο white
αστικός, ή, ό of town, local
αστυφύλακας, ο policeman
ασφάλεια, η security, safety, insurance
άσχημος, η, ο ugly
άτομο, το person
Αύγουστος, ο August
αύριο tomorrow
αυτί, το ear
αυτοεξυπηρέτηση, η self-service
αυτοκίνητο, το car
αυτόματος, η, ο automatic
αυτός, ή, ό he, she, it, this one
αφήνω I leave
άφιξη, η arrival
αφισέτα, η poster
αφορολόγητος, η, ο duty free

βάζω I put
βαθμός, ο degree
βαλίτσα, η suitcase
βαλιτσάκι, το small suitcase
βαρέλι, το barrel
βαρύς, βαριά, βαρύ heavy
βασιλιάς, ο king
βγάζω I take out, I take off
  (clothes)
βδομάδα, η/εβδομάδα, η week
βέβαια certainly
βέβαιος, α, ο certain
βενζίνη, η petrol
βιάζομαι I am in a hurry
βιαστικός, ή, ό person in a hurry
βιβλίο, το book
βιβλιοπωλείο, το bookshop
βλ. see
βοήθεια, η help
βοηθώ I help
βόρειος, α, ο north (adjective)
βορράς, ο north (noun)
βουνό, το mountain
βράδυ, το evening
βρετανικός, ή, ό British (things)
βρέχει it's raining
βρέχω I wet
βρίσκω I find

βροχή, η rain

γαβγίζω I bark
γαϊδούρι, το donkey
γάλα, το milk
γαλανός, ή, ό light blue
Γαλλία, η France
γάμος, ο wedding
γάτα, η cat (feminine)
γατί, το cat (neuter)
γάτος, ο cat (masculine)
γεια, γεια σας hello, bye-bye
γέλοιο, το laughter
γελοιογραφία, η cartoon
γελώ I laugh
γεμίζω I fill
Γεννάρης, ο January
γέννηση, η birth
γέρος, ο old man
γερός, ή, ό strong
γήπεδο, το football pitch
για for, about
γιαγιά, η grandmother
γιαούρτι, το yogurt
γιατρός (ο, η) doctor
γίνομαι I become
Γιώργος, ο George
γκαρσόνι, το waiter
γκρίζος, α, ο grey
γλυκά, τα sweets
γλυκύς, ιά, ό sweet
γνώμη, η opinion
γράμμα, το/επιστολή, η letter
γραμματοκιβώτιο, το letter box
γραμματόσημο, το stamp
γρασίδι, το grass
γράφω I write
γυναίκα, η woman
γύρω round

δανείζομαι I borrow
δανείζω I lend
δασκάλα, η teacher (female)
δάσκαλος, ο teacher (male)
δέκα ten
δεκαεννέα nineteen
δεκαέξι sixteen
δεκαεπτά seventeen
δεκαοκτώ eighteen
δεκαπέντε fifteen

δεκατέσσερα fourteen
δέκατος, η, ο tenth
δεκατρία thirteen
Δεκέμβρης, ο December
Δεκέμβριος, ο December
δελτίο, το card, bulletin
δελτίο καιρού, το weather forecast
δέμα, το parcel
δε(ν) (used to denote negation)
δέντρο, το tree
δεξιά right
δεσποινίς, η Miss
Δευτέρα, η Monday
δευτερόλεπτο, το second (of an
  hour)
δεύτερος, η, ο second
δέχομαι I receive, accept
δηλ. i.e.
δήλωση, η declaration
δημόσιος, α, ο public
διαβάζω I read
διαβατήριο, το passport
διαδρομή, η route
διακοπές, οι holidays
διακόσια two hundred
διανυκτερεύω I stay open all night
διασκέδαση, η entertainment
διατρέχω I run through
διερωτώμαι I ask myself
διεύθυνση, η address
διευθυντής, ο manager, headmaster
δικηγόρος, ο, η lawyer
δίκλινος, η, ο twin-bed (room)
δίνω I give
διοίκηση, η management
δίπλα next to
Δις Miss
δισκοθήκη, η disco
δοκιμάζω I try
δολάριο, το dollar
δόντι, το tooth
δράστης, ο culprit
δραχμή, η drachma
δρομολόγιο, το route
δρόμος, ο road, street
δρχ drachma (abbreviation)
δραχμή, η drachma
δυνατός, ή, ό strong, loud
δυνατό, (είναι...) it is possible
δύο, δυο two

δύση, η west (noun)
δυσκολία, η difficulty
δύσκολος, η, ο difficult
δυστυχώς unfortunately
δυτικός, ή, ό west (adjective)
δώδεκα twelve
δωδέκατος, η, ο twelfth
δωμάτιο, το room

εβδομάδα, η week
εβδομήντα seventy
έβδομος, η, ο seventh
εγώ I
εδώ here
είδος, το kind, item
είκοσι twenty
είμαι I am
είναι is
εισαγωγή, η import, entry
εισιτήριο, το ticket
είσοδος, η entrance, entry
εισπράκτορας, ο bus conductor
εκατό hundred
εκατομμύριο, το million
εκατοστό, το centilitre
έκδοση, η issue
εκείνος, η, ο that (man, woman,
  child/thing)
εκκλησία, η church
εκτός except, out of
έκτος, η, ο sixth
έλα come
ελαφρός, ελαφριά, ελαφρύ light
  (in weight)
Ελένη, η Helen
έλεγχος, ο control
Ελλάδα, η Greece
ελληνικά, τα Greek (language)
ελληνικός, ή, ό Greek (things)
ελπίζω I hope
εμείς we
ένα, το one (neuter)
ένας, ο one (masculine)
ένατος, η, ο ninth
ενενήντα ninety
εννέα nine
εννιακόσια nine hundred
ενοικιάζω I rent
ενοικίαση hire, renting
ενοικιαστής, ο hirer

εννοώ   I mean
εντάξει   OK
έντεκα   eleven
εντέκατος, η, ο   eleventh
εν τω μεταξύ   meanwhile
εξακόσια   six hundred
εξαρτώμαι   I depend
εξήγηση, η   explanation
εξήντα   sixty
έξι   six
έξοδο, το   expense
έξοδος, η   exit
εξοχή, η   the country
έξω   outside
εξωτερικό, το   abroad
ΕΟΚ   EEC
επαναλαμβάνω   I repeat
επιβάτης, ο   passenger
επιβιβάζομαι   I board
επιβίβαση, η   boarding
επιθεωρητής, ο   inspector
επιμένω   I insist
επίσης   also
επιστολή, η   letter
επιστρέφω   I return
επιστροφή, η   return
επιταγή, η   check
επόμενος, η, ο   next
εποχή, η   season
επτά   seven
έρχομαι   I come
εστιατόριο, το   restaurant
εσείς   you (plural)
εσύ   you (singular)
εσωτερικό, το   inland
έτσι   so, like this
ευτυχώς   fortunately
ευχάριστος, η, ο   pleasant
ευχαριστώ   thank you
εφεύρεση, η   invention
εφημερίδα, η   newspaper
εφτακόσια   seven hundred
έχει   he/she/it has
έχω   I have

ζάχαρη, η   sugar
ζέστη, η   heat
ζητώ   ask for, seek
ζυγίζω   I weigh
ζώνη, η   belt

η   (definite article, feminine)
ή   or
ΗΒ   UK
ΗΠΑ   USA
ησυχία, η   calm, quiet
ήσυχος, η, ο   quiet

θάλασσα, η   sea
θαλασσής, θαλασσιά, θαλασσί
   light blue, the colour of the sea
Θάσος, η   Thasos
θαυμάσιος, α, ο   excellent
θέατρο, το   theatre
θέλω   I want
θερμοκρασία, η   temperature
θέση, η   seat, position
θρυμματίζω   I break
θυμάμαι, θυμούμαι   I remember
θυμίζω   I remind
θυμώνω   I get angry
θυροτηλέφωνο, το   intercom

Ιανουάριος   January
ίδιος, α, ο   same, oneself
ιδρωμένος, η, ο   sweaty
Ιούλης, ο   July
Ιούλιος, ο   July
Ιούνης, ο   June
Ιούνιος, ο   June
ίσια   straight on
ισόγειο, το   ground floor
ίσως   perhaps

Κα   Mrs
καθαρίζω   I clean
καθαριότητα, η   cleanliness
κάθε   every
καθημερινός, ή, ό   daily
κάθομαι   I sit
καθρέφτης, ο   mirror
καθώς   while
και   and
καλαμάκι, το   straw
καλημέρα   good morning
καληνύχτα   good night
καλησπέρα   good evening
καλοκαίρι, το   summer
καλοντυμένος, η, ο   well dressed
καλός, ή, ό   good
καλύπτω   I cover

καλωσορίζω I welcome
κανέλα, η cinnamon
κανένας, καμιά, κανένα no one, none, (any)one
κανονισμός, ο regulation
καπνίζω I smoke
καπνοπωλείο, το tobacconist
κάποιος, α, ο someone
καράφα, η jug
κάρβουνο, το coal
καρέκλα, η chair
κάρτα, η card
κατάλογος, ο list, menu
κατάσταση, η situation
κατάστημα, το shop
κατεψυγμένος, η, ο frozen
κατηγορία, η class, accusation
κατσίκι, το goat
κατεπείγον urgent
καφενείο, το coffee shop
καφές, ο coffee
καφές φραπέ iced coffee
καφετιρία, η cafeteria
καφετής, καφετιά, καφετί brown
κείμενο, το text
κέντρο, το place of entertainment
κερασάκι, το small cherry
κεράσι, το cherry
Κέρκυρα, η Corfu
κεφάλι, το head
κεφτές, ο meatball
κιλό, το kilo
κίνδυνος, ο danger
κίτρινος, η, ο yellow
κλειδί, το key
κλείνω I close
κλείνω (δωμάτιο, θέση) I reserve (room, seat)
κλειστός, ή, ό closed
κλήση, η telephone call, summons
κλπ etc
κόβω I cut
κοιμάμαι I sleep
κοιμίζω I put to sleep
κοινό, το the public
κοιτάζω look at
κόκκινος, η, ο red
κομμάτι, το piece
κομμωτήριο, το hairdresser's
κονιάκ, το brandy

κοντά near, nearly
κορίτσι, το girl
Κος Mr
κόσμος, ο people
κουταλάκι, το teaspoon
κουτάλι, το spoon
κρασί, το wine
κράτηση, η reservation
κρατώ I hold
κρεοπωλείο, το butcher's
κρύο, το the cold
κρύος, α, ο cold (adjective)
κτλ etc
κυλιόμενες σκάλες escalators
κυπριακός, ή, ό Cypriot (things)
Κύπρος, η Cyprus
κυρία, η Mrs, madam
Κυριακή, η Sunday
κύριος, ο Mr, sir

λάθος, το mistake
λαιμός, ο throat
λεβάντα, η lavender
λείπω I am absent, I am away
λειτουργία, η operation, church service
λεμονάδα, η lemon juice
λεξικό, το dictionary
λεπτό, το minute
λεφτά/χρήματα, τα money
λεωφορείο, το bus
λέω say
λιακάδα, η sunshine
λίγος, η, ο some, a few
λίρα, η pound (money)
λογαριασμός, ο bill
λουλούδι, το flower
λυπούμαι I am sorry
λυπημένος, η, ο sad

μαγαζί, το/κατάστημα, το shop
μαζί with, together with
Μάης, ο May
Μάιος, ο May
Μαρία, η Mary
μαθητής, ο pupil (masculine)
μαθήτρια, η pupil (feminine)
μακάρι may (it be)
μακριά far
μάλιστα yes

μαλλιά, τα   hair
μανάβης, ο   greengrocer
Μάρτης, ο   March
Μάρτιος, ο   March
μάτι, το   eye
ματιά, η   look
ματς, το   match
μαύρος, η, ο   black (of wine: red)
με   with
μεγάλος, η, ο   large, big
μέλι, το   honey
μέρα, η   day
μερικοί, ές, ά   some, a few
μέσα   in
μεσάνυχτα, τα   midnight
μεσημέρι, το   noon
μετά,   after, later
μεταξύ   between
μετρητά, τα   cash
μέτριος, α, ο   medium
μετρό, το   the underground
μέχρι   until
μη(ν)   don't
μηδέν   zero
μήνας, ο   month
μητέρα, η   mother
μία/μια, η   one (feminine)
μίλι, το   mile
μιλώ   I speak
μισός, ή, ό   half
μμ   pm
μοιράζομαι   I share
μοιράζω   I distribute
μόνο   only
μουσείο, το   museum
μπαίνω   I enter
μπάνιο, το   bath
μπαχαρικά, τα   spices
μπορεί   maybe
μπορώ   I can, I am able to
μπροστινός, ή, ό   the one in front
μπουκάλα, η   (large) bottle
μπουκάλι, το   bottle
μπροστά   in front
μπίρα, η   beer
μύτη, η   nose
μX   AD

να   to
ναι   yes

ναύτης, ο   sailor
νεολαία, η   youth
νέος, α, ο   young, new
νερό, το   water
νίκη, η   victory
Νίκη, η   Nicky
Νοέμβρης, ο   November
Νοέμβριος, ο   November
νομίζω   I think
νόμισμα, το   coin
νομισματοδέκτης, ο   coin-operated
νότιος, α, ο   south (adjective)
νότος, ο   south (noun)
ντομάτα, η   tomato
ντόπιος, α, ο   local, native
ντουζίνα, η   dozen
νύχτα, η   night

ξαφνικά   suddenly
ξένη, η   guest, foreigner (feminine)
ξενοδοχείο, το   hotel
ξένος, ο   guest, foreigner
   (masculine)
ξεχνώ   I forget
ξηρός, ή, ό   dry

ο   (definite article, masculine)
ογδόντα   eighty
όγδοος, η, ο   eighth
οδήγηση, η   driving
οδηγία, η   instruction
οδηγός (ο, η)   driver
οδηγώ   I drive
οικογένεια, η   family
οκτακόσια   eight hundred
οκτώ   eight
Οκτώβρης, ο   October
Οκτώβριος, ο   October
όλος, η, ο   all
όμως   but, however
όνειρο, το   dream
όνομα, το   name
όποιος, α, ο   whoever, anyone
οπότε   whenever
όπου   wherever
όπως   however, like
ορίστε   here you are
όροφος, ο   floor
όσος, η, ο   as many, as much as
ουδέν   nothing

ούζο, το   ouzo
ουρά, η   tail, queue
ουρανός, ο   sky
ούτε   neither, nor
όχι   no

παγάκι, το   ice cube
παγκάκι, το   bench
παγωτό, το   ice cream
παϊδάκι, το   cutlet
παιδί, το   child
παίρνω   I take
πακέτο, το   packet
πάλι   again
παντοπωλείο, το   grocer's
παντρεμένος, η, ο   married
παντρεύομαι   I get married
παντρεύω   I marry
πάπια, η   duck
παπούτσι, το   shoe
παππούς, ο   grandfather
παρά   to (time), despite
παραγγέλλω   I order
παράδειγμα, το   example
παρακαλώ   please, I beg
παραλαβή, η   collection
παραλαμβάνω   I take delivery
παραλία, η   beach
Παρασκευή, η   Friday
παρουσιάζομαι   I appear
παρουσιάζω   I present
πατάτα, η   potato
πατέρας, ο   father
πατώ   step on, walk on
Παύλος, ο   Paul
παχύς, παχιά, παχύ   fat
πεζοδρόμιο, το   pavement
πεθαίνω   I die
πεθερά, η   mother-in-law
πεθερός, ο   father-in-law
πείθω   I persuade
Πειραιάς, ο   Piraeus
πελάτης, ο   customer (male)
πελάτισσα, η   customer (female)
Πέμπτη, η   Thursday
πέμπτος, η, ο   fifth
πενήντα   fifty
πεντακόσια   five hundred
πέντε   five
περιβάλλομαι   I am surrounded

περιβάλλον, το   atmosphere, environment
περιβάλλω   I surround
περιμένω   I wait
περιοχή, η   area
περίπου   approximately
περίπτερο, το   kiosk
περισσότερος, η, ο   more
περιτριγυρίζω   I place round
πέρυσι   last year
πετρέλαιο, το   diesel
πηγαίνω   I go
πινακίδα, η   notice, sign
πίνω   drink
πιπέρι, το   pepper
πιστωτική κάρτα, η   credit card
πίσω   behind, back
πλάι   next to
πλατύς, πλατιά, πλατύ   wide, broad
πλένω   I wash
πλευρά, η   side
πλήθος, το   crowd
πλήρης (ο, η)   full
πληροφορία, η   information
πλήρωμα, το   crew
πληρώνω   pay
πλοίο, το   ship
πμ   am
πόδι, το   foot
ποιος, ποια, ποιο   who
πολυκατάστημα, το   department store
πολύς, πολλή, πολύ   many, a lot of
πόρτα, η   door
πορτοκαλάδα, η   orange squash
πορτοκάλι, το   orange
πόσο   how much
πόσος, η, ο   how much
ποσό, το   sum, amount
ποτέ   never, ever
ποτήρι, το   glass
ποτό, το   drink
που   that
πού   where
πουθενά   nowhere, anywhere
πουλί, το   bird
πουλώ/πωλώ   I sell
πούρο   cigar
πράσινος, η, ο   green

168

πρατήριο βενζίνης, το   petrol station
πρέπει must
πρίγκηπας, ο   prince
πριν before
πρόβλημα, το   problem
πρόεδρος (ο, η)   president, chairman
  (/woman)
προειδοποίηση, η   warning
προϊόν, το   product
πρόκειται   it is about to
προλαμβάνω   I catch in time
προσδένομαι   I tie myself
προσεκτικός (προσεχτικός), ή, ό
  careful
προσθέτω   I add
προσμένω   I wait for
προσπάθεια, η   attempt, effort
προσπαθώ   I try
προσφέρω   I offer
προσωπικό, το   staff, personnel
προσωπικός, ή, ό   personal
πρόσωπο, το   face, person
προτιμώ   I prefer
προχωρώ   I proceed
πρωί, το   morning
πρώτος, η, ο   first
πτήση, η   flight
πτώση, η   fall
πχ   e.g.
πΧ   AD
πωλητής, ο   salesman
πωλήτρια, η   saleswoman
πωλώ/πουλώ   I sell
πώς   how

ρέστα, τα   change
ρίχνω   I throw
ροζέ   rosé
ροή, η   flow
ρολόι, το   watch, clock
ρούχα, τα   clothes
ρωτώ   I ask

Σάββατο, το   Saturday
σαράντα   forty
σας   your
σαφώς   clearly
σε   at, in, on
σειρά, η   turn
Σεπτέμβρης, ο   September

Σεπτέμβριος, ο   September
σερβίρω   serve
σήμερα   today
σημερινός, ή, ό   today's
σημειωματάριο, το   notebook
σημειώνω   I note down
σιδηρόδρομος, ο   railway
σιωπή, η   silence
σιωπηλός, ή, ό   quiet
σκάλα, η   ladder, staircase
σκέτος, η, ο   without sugar, plain
σκέφτομαι   I think
σκοπός, ο   purpose
σκοτάδι, το   darkness
σκοτώνομαι   I get killed
σκοτώνω   I kill
σκούπα, η   broom
σκύλα, η   dog (feminine)
σκυλί, το   dog (neuter)
σκύλος, ο   dog (masculine)
σόδα, η   soda
σοκολάτα, η   chocolate
σουβλάκι, το   kebab
σουπεραγορά, η   supermarket
σπάνια   rarely
σπάνιος, α, ο   rare
σπίρτο, το   match
σπίτι, το   house
σπρώχνω   I push
στάθμευση, η   parking
σταθμεύω   I park a car
σταθμός, ο   station
στάση, η   stop
στηρίζω   I support, prop
στοιχίζω   I cost
στόμα, το   mouth
στρίβω   I take a turn
συζήτηση, η   argument, discussion
σύζυγος (ο, η)   husband, wife
συμβουλεύομαι   I consult
συμβουλεύω   I advise
συμβουλή, η   advice
συνάλλαγμα, το   foreign currency
συνήθως   usually
σύνθημα, το   slogan
συνταγή, η   recipe, prescription
σύστημα κλιματισμού, το   air
  conditioning
συστημένος, η, ο   recommended,
  registered (letters, parcels)

συστήνω I introduce
συχνός, ή, ό frequent
σφουγγάρι, το sponge
σχεδόν nearly
σχέση, η relation
Σωτήρης, ο Sotiris

ταβέρνα, η tavern
ταμείο, το cashier
ταξί, το taxi
ταξιδεύω I travel
ταξίδι, το journey
ταξιδιωτικός, ή, ό travel (adjective)
ταξιδιωτική επιταγή, η traveller's
  cheque
ταξιτζής, ο taxi driver
ταχυδρομείο, το post office
ταχυδρομώ I post
τελευταίος, α, ο last
τέλος, το end
τελωνείο, το customs
τέσσερις, α four
Τετάρτη, η Wednesday
τέταρτο, το quarter (of an hour)
τέταρτος, η, ο fourth
τέτοιος, α, ο such
τετρακόσια four hundred
τζάμι, το glass
τζαμί, το mosque
τζατζίκι, το yogurt with cucumber
τηλεγραφείο, το telegram office
τηλεφωνικός κατάλογος telephone
  directory
τηλέφωνο, το telephone
τηλεόραση, η television
τι what
τιμή, η price, honour
τιμολόγιο, το price list
τίποτα nothing, anything
ΤΘ PO Box
ΤΚ PO Box
το (definite article, neuter)
τοποθετώ I place
τόσος, η, ο so much, so many
τότε then
τουρίστας, ο tourist (male)
τουρίστρια, η tourist (female)
τραγούδι, το song
τραίνο/τρενο, το train
τράπεζα, η bank

τραπέζι, το table
τρένο, το train
τρέχω I run
τρία three
τριακόσια three hundred
τριάντα thirty
τριαντάφυλλο, το rose
Τρίτη, η Tuesday
τρίτος, η, ο third
τρόλλεϋ, το trolley
τρόπος, ο manner
τροχόσπιτο, το caravan
τρώγω (τρώω) I eat
τσάι, το tea
τσάντα, η handbag
τσαντάκι, το small bag
τσιγάρο, το cigarette
ΤΤ post code
τυρί, το cheese
τυρόπιτα, η cheese pie
τύχη, η luck
τώρα now

υγειονομικός, ή, ό health
  (adjective)
ΥΓ PS
υγρό, το liquid
υλικό, το ingredient
υπάλληλος (ο, η) shop assistant,
  employee
υπεραγορά, η supermarket
υπεραστικός, ή, ό long-distance
υπηρεσία, η service
υπόγειος, α, ο underground
υπογραφή, η signature
υπογράφω I sign
υποδηματοποιείο, το shoe shop
υπόλοιπος, η, ο remaining, rest of
υπουργείο, το ministry

φαΐ, το food
φαίνεται it seems
φανάρι, το traffic lights
φαρμακείο, το chemist's
Φεβρουάριος, ο February
φέρνω I bring
φέτα, η slice
φεύγω I leave
φθάνω see φτάνω
φθινόπωρο, το autumn

φίλη, η   friend (female)
φιλικός, ή, ό   friendly
φιλοξενώ   I give hospitality to
φίλος, ο   friend (male)
Φλεβάρης, ο   February
φοβάμαι, φοβούμαι   I am afraid
φοιτητής, ο   student (male)
φοιτητικός, ή, ό   student (adjective)
φοιτήτρια, η   student (female)
φορά, η   time (occasion)
φόρος, ο   tax
φορτωμένος, η, ο   loaded
ΦΠΑ   VAT
φρέσκος, η, ο   fresh
φτάνω, φθάνω   I arrive
φτιάχνω   I make
φύση, η   nature
φωνάζω   I call, I shout
φωτογραφίζομαι   I have my
   photograph taken
φωτογραφίζω   I take photographs

χαζεύω   I stare
χαίρετε   hello, goodbye
χαίρομαι   I am glad
χαίρω πολύ   glad to meet you
χαλώ   I spoil
χάνω   I lose
χάρτης, ο   map
χαρτονόμισμα, το   note (money)
χαρτοπωλείο, το   stationer's
χειμώνας, ο   winter
χέρι, το   hand

χθες, χτες   yesterday
χθεσινός, ή, ό/χτεσινός, ή, ό
   yesterday's
χίλια   one thousand
χιλιάδα, η   a thousand
χιλιόμετρο, το   kilometre
χιονίζει   it's snowing
χλμ   km
χρειάζομαι   I need
χρήμα, το   money
χρήση, η   use
χρησιμοποιώ   I use
χρυσαφής, χρυσαφιά, χρυσαφί
   gold-coloured
χρυσός, ή, ό   golden, of gold
χρυσός οδηγός, ο   yellow pages
χτες, χθες   yesterday
χτεσινός, ή, ό/χθεσινός, ή, ό
   yesterday's
χτυπώ   I strike, I beat (eggs)
χυμός, ο   juice
χώρα, η   country
χωρίς   without
χωρώ   I fit in

ψάρι, το   fish
ψες   last night
ψηλός, ή, ό   tall, high
ψησταριά, η   grill, selling spit-
   roasted meat
ψωμί, το   bread

ώρα, η   time, hour
ωραίος, α, ο   beautiful, nice

Index